Peter Stahlhut

Elf Märchen sollt ihr lesen
Wundersame Geschichten rund um den FC Bayern

Peter Stahlhut

Elf Märchen
sollt ihr lesen

Wundersame Geschichten
rund um den FC Bayern

VERLAG DIE WERKSTATT

Der Autor

Peter Stahlhut, Jahrgang 1974, ist Vater zweier Kinder. Die Idee, klassische Märchen auf den Fußball umzudichten, kam ihm, als er seinen Kindern keine Märchen mehr vorlesen wollte und sie stattdessen frei erzählte und die Handlung in den Fußball übertrug.

Bibliografische Information der Deutschen Nationalbibliothek:
Die Deutsche Nationalbibliothek verzeichnet diese Publikation in der Deutschen Nationalbibliografie; detaillierte bibliografische Daten sind im Internet über http://dnb.d-nb.de abrufbar.

Copyright © 2016 Verlag Die Werkstatt GmbH
Lotzestraße 22a, D-37083 Göttingen
www.werkstatt-verlag.de
Alle Rechte vorbehalten
Coverillustration: Fotolia/namosh
Satz und Gestaltung: Die Werkstatt Medien-Produktion GmbH
Druck und Bindung: Westermann Druck Zwickau

ISBN 978-3-7307-0285-7

FSC
www.fsc.org
MIX
Papier aus ver-
antwortungsvollen
Quellen
FSC® C110508

Inhalt

Schollröschen

Es waren einmal ein Präsident und sein Manager, die sagten sich jeden Tag: „Ach, wenn wir doch einen jungen Wunderspieler aus der eigenen Nachwuchsarbeit hätten!" Aber nie war ein Ausnahmetalent in der eigenen Jugend dabei, und so musste man jedes Jahr wieder sehr viel Geld für neue Starspieler ausgeben. Da trug es sich zu, als der Präsident einmal ein sprudelndes Entmüdungsbad im Kabinentrakt der Arena nahm, dass eine Putzfrau, die in den Katakomben gerade die Mülleimer leerte, zu ihm kam und sprach: „Dein Wunsch wird in Erfüllung gehen; noch in diesem Jahr wird zu euren Mini-Kickern ein Junge kommen, dessen Talent noch bei weitem größer ist als das von Messi, Ronaldo und dem Kaiser zusammen." Was die Putzfrau prophezeit hatte, trat tatsächlich ein, und der Manager verpflichtete einen außergewöhnlich begabten jungen Knaben, der aus dem fernen Karlsruhe nach München gezogen war. „Mein lieber Scholli!" – Der Präsident war so begeistert, als er ihn das erste Mal am Ball sah, dass er für alle Freunde, Bekannte, Vereinsmitglieder und Fans bei der großen Saisoneröffnungsparty Freibier spendierte. Aber nicht nur das, er lud sogar die Fußball-Nationalmannschaft ein, damit sie dem Jungen Glück wünschen und vielleicht ein paar Tricks zeigen könnten. Dummerweise hatte er aber nur zehn Plätze in seiner Loge, und so musste einer der elf Elitekicker zu Hause bleiben. Die Party stieg mit allem Brimbamborium, was man sich nur denken kann, und als es zu Ende war, beschenkten die Nationalspieler den Kleinen mit Autogrammkarten, Trikots und Fußbällen und gaben ihm wertvolle Tipps: Der eine zeigte ihm das Geheimnis eines sauberen Tacklings, der andere die Kunst des Freistoßschießens, der Dritte den Fallrückzieher und alles, was man als kompletter Spieler von heute so braucht. Als neun Kicker ihre Tricks an den kleinen Mann gebracht hatten, erschien plötzlich der Elfte auf der Bildfläche. Er wollte sich dafür rächen, dass er keine Einladung, keine Nominierung, erhalten hatte, und ohne irgendjemanden zu grüßen oder auch nur eines Blickes zu würdigen, rief er mit lauter Stimme: „Der Wunderknabe soll sich in seiner ersten Saison als Profi am Kopfballpendel eine Hirnblutung holen und tot umfallen!" Ohne ein weiteres Wort zu verlieren, drehte er sich wieder um und verließ die Arena, in Richtung Frankenland. Alle waren geschockt, da trat der Zehnte hervor, der seine Tricks und Wünsche noch nicht weitergegeben hatte, und weil er den fränkischen Fluch nicht aufheben, sondern nur mildern konnte, sagte er: „Er soll nicht gleich tot sein, sondern nur in einen hundertjährigen Schlaf fallen."

Der Präsident, der seinen Wunderspieler, aber auch den ganzen Verein, vor dem Unglück bewahren wollte, ließ sofort alle Kopfballpendel vom Vereinsgelände entfernen. Die Jahre vergingen, und alle Tricks, die die Nationalspieler dem Jungen gezeigt hatten, gelangten bei ihm zur Perfektion: Drehschüsse wie Gerd Müller, Grätschen wie Klaus Augenthaler, Ecken wie Mario Basler und dazu die Übersicht des Kaisers. Ihm beim Spielen zuzusehen, war die reinste Freude. Da geschah es aber, dass der Präsident und sein Manager einen Sponsorentermin wahrnehmen mussten, just am ersten Spieltag jener Saison, zu der der Junge erstmalig in den Profikader berufen worden war, noch am Morgen vor dem Anpfiff. Der Junge wandelte also alleine über das Vereinsgelände an der Säbener Straße, schritt durch die Kabine, den

Fitness- und Massagebereich, sah sich das Angebot im Fan-Shop an und warf einen Blick auf den Speiseplan im Paulaner Treff. Schließlich ging er rüber zum Trainingsgelände. Als er um eine Ecke an der Mehrzweckhalle bog, war da ein alter Mann im Trainingsanzug, der emsig um ein Kopfballpendel herumsprang. „Grüß Gott", sprach der jugendliche Kicker, „was machst du da?" – „Ich übe das Kopfballspiel", antwortete der Alte und nickte mit dem Kopf. „Was ist das für ein Ding, mit dem du da so lustig herumspielst?", fragte der Junge neugierig und ging zu dem Pendel herüber, um ebenfalls ein paar Kopfbälle zu probieren. Kaum hatte er aber den ersten Ball angerührt, so ging der Zauberspruch in Erfüllung, und die Erschütterung seines Kopfes verursachte die prophezeite Hirnblutung.

Er taumelte noch einige Schritte, dann sank er auf einer Ersatzbank nieder und fiel in eine tiefe Bewusstlosigkeit. Der verwunschene Schlaf breitete sich über das ganze Vereinsgelände aus. Der Präsident und der Manager, die eben heimgekommen waren und ihre Büros betreten hatten, fingen an einzuschlafen und alle Mitarbeiter der Geschäftsstelle mit ihnen. Auch die Kampfschweine und Wadenbeißer auf, die Kiebitze neben sowie die Maulwürfe unter dem Trainingsplatz schliefen einfach ein. Selbst die Phosphatwürstchen auf dem Grill hörten auf zu brutzeln, und das Bier sprudelte nicht mehr. Der Co-Trainer, der gerade ein paar Bankdrücker aufgrund ihrer konditionellen Schwächen mit Medizinbällen triezen wollte, ließ seine Trillerpfeife sinken und nickte ein. Der Wind legte sich, und sogar das Rauschen im Blätterwald der Medien verstummte. Rings um das Vereinsgelände aber begann eine Dornenhecke zu wachsen, die jedes Jahr höher wurde, schließlich das gesamte Areal an der Säbener Straße umzog und darüber hinauswucherte, dass nichts mehr davon zu sehen war, selbst nicht das große Vereinswappen über dem Eingang des ServiceCenters. Es ging aber die Sage im Süden vom schlafenden Wunderspieler Schollröschen um (denn so wurde der junge Kicker von den Leuten genannt), sodass von Zeit zu Zeit Trainer und Scouts von namhaften europäischen Vereinen kamen und versuchten, durch die Hecke zum Vereinsgelände vorzudringen. Aber keiner von ihnen schaffte es, denn die schwarzen Dornen krallten sich so fest wie die Pranken eines Löwen, und die Trainer blieben darin hängen, konnten sich aus eigener Kraft nicht wieder befreien und starben eines jämmerlichen Todes.

Nach vielen, vielen Jahren kam wieder einmal ein namhafter Trainer in den Süden der Republik und hörte, wie ein alter Bergbauer von der Dornenhecke erzählte; es sollte ein schmucker Fußballplatz dahinter sein, auf welchem ein Jahrhunderttalent von Fußballer, Schollröschen genannt, schon seit hundert Jahren schliefe, und mit ihm schliefen auch der Präsident und der Manager des Vereins sowie die komplette Belegschaft der Geschäftsstelle. Er wisse auch von seinem Opa, dass schon viele Trainer und Scouts gekommen seien und versucht hätten, durch die Dornenhecke zu dringen, aber sie seien allesamt darin hängengeblieben und eines traurigen Todes gestorben. Da sprach der Trainer: „Das schockt mich nicht. Ich will unbedingt dahin und mir diesen Schollröschen ansehen." Der Alte konnte noch so sehr versuchen, ihm die Sache wieder auszureden, es war zwecklos, der Trainer wollte einfach nicht hören.

Just an diesem Morgen aber waren die verfluchten hundert Jahre um, und der Tag war gekommen, an dem Schollröschen wieder aufwachen sollte. Als der furchtlose Trainer sich der Dornenhecke näherte, fielen die schwarzen Stacheln ab, und es sprossen lauter rote und weiße Blüten, die taten sich von selbst auseinander und ließen ihn unbehelligt hindurch, und hinter ihm taten sie sich wieder als eine Hecke zusammen. Auf dem Trainingsplatz sah er die Kampfschweine und Wadenbeißer liegen und schlafen, am Spielfeldrand hingen die Kiebitze schnarchend überm Zaun. Der Co-Trainer hatte die Pfeife noch im Mund und hielt einen Medizinball drohend über dem Kopf, als wolle er ihn auf die schlummernden Bankdrücker vor sich auf dem Boden werfen. Da ging der Trainer weiter und sah auf der Geschäftsstelle sämtliche Mitarbeiter liegen und schlafen, und oben in den geräumigen Büros lagen der Vereinspräsident und der Manager. Da ging er noch weiter, und alles war so still, dass man eine Stecknadel auf den Rasen hätte fallen hören können. Schließlich kam er zu den Trainingsplätzen, ging an der Mehrzweckhalle vorbei und kam zu dem Platz, wo Schollröschen schlief. Da lag dieser, in seinem roten Dress, und sah so fit aus, als könne er von jetzt auf gleich ein Champions-League-Finale mit Verlängerung spielen. Der Trainer rollte ihm einen Ball zu, und sowie dieser seinen Fuß berührt hatte, schlug Schollröschen die Augen auf, erwachte und blickte den Trainer ganz freundlich an. Zusammen verließen sie das Trainingsgelände und gingen hinüber zur Geschäftsstelle. Der Präsident wachte ebenfalls gerade auf, auch der Manager sowie die gesamte Belegschaft, und alle sahen einander mit großen Augen an. Die Kampfschweine auf dem

Platz berappelten sich und schüttelten ihre Beine aus, die Wadenbeißer sprangen auf und begannen sich zu stretchen, die Kiebitze hinterm Zaun erhoben sich und nahmen direkt wieder das Diskutieren auf. Der Grill erhitzte sich, die Phosphatwürste fingen ebenso wieder an zu brutzeln, wie das Bier zu sprudeln begann, und der Co-Trainer trieb mit seiner Pfeife und dem Medizinball die Bankdrücker bis zur totalen Erschöpfung. In der Folge wurden langjährige Verträge gemacht mit Schollröschen und dem Startrainer, und gemeinsam bauten sie eine Mannschaft auf, die nach über hundert Jahren die Meisterschaft endlich wieder nach Hause brachte, nach Bayern, ins schöne München, zum FCB, dem besten Klub der Welt! Und wenn sie nicht gefeuert (oder wegen horrender Ablösesummen verkauft) wurden, dann sind sie da noch heute aktiv.

Die drei kleinen Schweinis

s war einmal eine alte Sau, die hatte drei Ferkel. Die kleinen Schweinchen aßen und aßen, und irgendwann waren sie so groß, dass das Haus, in dem sie alle wohnten, zu klein wurde. Da sagte Mama Schwein zu ihren Kleinen: „Jungs, ich hab euch lieb, keine Frage, aber ihr könnt nicht ewig bei mir am Rockzipfel hängen. Ihr müsst raus in die Welt und sich jeder sein eigenes Haus bauen." Und so schickte sie die drei in die große, weite Welt hinaus.

Das erste Schweinchen, das Borussen-Schwein, begegnete auf seinem Weg einem Mann mit einem Bündel Stroh. Wie die Schwarz-Gelben nun mal sind – nur auf den schnellen Erfolg aus, mit möglichst geringem Aufwand –, sagte es zu dem Mann: „Ey, Alter, gib mir dein Stroh. Ich will mir eine Arena bauen und hab kein Material." Da antwortete der Mann: „Is' ok, aber gib mir dafür deinen schwarz-gelben Schal, damit ich was hab, wenn's im Winter kalt wird." Da überreichte ihm das Schweinchen seinen Schal. Der Alte gab ihm dafür das Stroh, und da dieses ganz leicht war, war das Haus auch schnell gebaut, mit einem großen Haupteingang vorne und, wie es die Brandschutzauflagen vorschrieben, einem kleinen Notausgang hinten. Dann schaute das Schweinchen sein Strohhaus an, taufte es auf den Namen „Signal-Iduna-Park" und sang:

„Heja, BVB, heja, BVB.
Ich hab ein schönes Haus aus Stroh,
da bin ich sicher und ganz froh.
Und kommt der böse Wolf daher,
dann lach ich, das ist gar nicht schwer."

Das zweite Schweinchen, das Hamburg-Schwein, begegnete auf seinem Weg einem Mann, der ein Bündel Holz trug. Ganz der hanseatischen Devise folgend „Was ich sehe, will ich auch haben, bevor es noch jemand anderes kriegt", sagte es zu dem Mann: „Ey, Alter, gib mir dein Holz. Ich will mir eine Arena bauen und hab kein Material." Der Mann erwiderte: „Geht klar, aber gib mir dafür deine HSV-Kappe, damit mich im Sommer die Sonne nicht mehr so blendet." Da überreichte ihm das Schweinchen seine blau-weiße Kappe. Der Alte gab ihm dafür das Holz, und da im Norden der Republik niemand die Zeit dafür bekommt, in Ruhe etwas aufzubauen, wurde die Hütte auch nur schnell zusammengehauen, mit einem großen Haupteingang vorne und, ganz so, wie es die Notfall-Evakuierungspläne vorschrieben, einem kleinen Notausgang hinten. Dann schaute das Schweinchen sein Holzhaus an, taufte es auf den Namen „Volksparkstadion" und sang:

„Oh, Hamburg, meine Perle -
du wunderschöne Stadt!
Ich hab ein schönes Haus aus Holz,
da bin ich sicher und ganz stolz.
Und kommt der böse Wolf daher,
dann lach ich, das ist gar nicht schwer."

Das dritte Schweinchen – Schweini, das Bayern-Schwein – begegnete auf seinem Weg einem Mann, der einen Karren voller Ziegelsteine hinter sich herzog. In bester bayerischer Tradition, nachhaltig zu wirtschaften und langfristig etwas von Wert zu schaffen, sagte es zu dem Mann: „Ey, Alter, gib mir doch bitte deine Steine. Ich will mir eine Arena bauen und hab kein Material." Der Mann antwortete: „Deal, aber gib mir dafür dein Bayern-Trikot, damit ich immer gut aussehe." Schweini zögerte, überreichte aber schließlich dem Mann, schweren Herzens, sein rotes Dress. Der Alte gab ihm dafür die Steine, und es dauerte mehrere Tage, bis das neue Heim fertiggestellt, dafür aber auch zu einem echten Schmuckkästchen geraten war, mit großem Haupteingang vorne und, den modernsten Ansprüchen genügend, einem kleinen Notausgang hinten. Dann schaute Schweini sein massives Steinhaus an, taufte es auf den Namen „Allianz Arena" und sang:

„FC Bayern, forever number one.
Ich hab ein schönes Haus aus Stein,
da bin ich sicher, das ist fein.
Und kommt der böse Wolf daher,
dann lach ich, das ist gar nicht schwer."

So lebte nun jedes Schweinchen in seinem eigenen kleinen Haus, und jedes war glücklich und zufrieden. Doch eines Tages kam der Schurke aus dem fernen Wolfsburger Wald, klopfte an das Haupttor des „Signal-Iduna-Parks" und rief: „Hey, du kleines Dortmund-Schwein, lass mich sofort zu dir rein!" Das Schweinchen aber antwortete: „Bin ganz allein, bin ganz allein, verpfeif dich, ich lass dich nicht rein." Da sprach der Wolf: „Na warte. Ich werde strampeln und trampeln, ich werde husten und prusten und dir dein doofes Haus wegpusten." Und der Wolf strampelte und trampelte, er hustete und prustete und pustete schließlich den ganzen „Signal-Iduna-Park" zusammen. Aber das kleine Schweinchen war nicht mehr da. Es war hinten durch den Notausgang entkommen und zu seinem Bruder, dem Hamburg-Schwein, ins Holzhaus gelaufen.

Da folgte nun auch der Wolf zum „Volksparkstadion", klopfte vorne ans Haupttor und rief: „Hey, du kleines Hamburg-Schwein, lass mich sofort zu dir rein!" Das zweite Schweinchen aber antwortete: „Bin ganz allein, bin ganz allein, verpfeif dich, ich lass dich nicht rein." Da sprach der Wolf: „Na warte. Ich werde strampeln und trampeln, ich werde husten und prusten und dir dein doofes Haus wegpusten." Und der Wolf strampelte und trampelte, er hustete und prustete und pustete schließlich das ganze „Volksparkstadion" zusammen. Aber die zwei kleinen Schweinchen waren nicht mehr da, denn sie waren hinten durch den Notausgang entkommen und zu ihrem Bruder Schweini – dem Bayern-Schwein – ins Ziegelhaus gelaufen.

Da folgte nun auch der Wolf zur „Allianz Arena", klopfte vorne an das große Tor und rief: „Hey, du kleines Bayern-Schwein, lass mich sofort zu dir rein!" Schweini aber antwortete: „Bin ganz allein, bin ganz allein, verpfeif dich, ich lass dich nicht rein." Da sprach der Wolf: „Na warte. Ich werde strampeln und trampeln, ich werde husten und prusten und dir dein doofes Haus wegpusten." Und der Wolf strampelte und trampelte, er hustete und prustete, aber er konnte die „Allianz Arena" einfach nicht zusammenpusten. Da wurde er schrecklich zornig und brüllte: „Warte nur, gleich hab ich dich!", und machte sich daran, die Mauer hinaufzuklettern, um durch den Kamin ins Haus zu gelangen. Als die drei Schweinchen merkten, was der Wolf im Sinne hatte, fragte das BVB-Schweinchen panisch: „Was sollen wir nur tun?" Das HSV-Schweinchen stammelte: „Wir sind verloren. Wir sind verloren."

Aber Schweini, das schlaue Bayern-Schweinchen, sprach: „Unsinn! Mia san mia!" Mit diesen

Worten forderte Schweini seine Brüder auf, ihre Dortmund- und Hamburg-Trikots auszuziehen. Er packte die Shirts in den Kamin und zündete damit ein Feuer an. In diesem Moment kletterte der Wolf auch schon den Schornstein hinunter und verbrannte sich an den Flammen dermaßen den Hintern, dass er unter lautem Geheule, wie eine Feuerwerks-Rakete, nach oben schoss. Anschließend rannte er mit rauchendem Schwanz so weit weg, wie er nur konnte, und wurde nie wieder gesehen. Da tanzten die drei kleinen Schweinchen vor Freude herum und sangen:

„Der Wolf ist fort, der Wolf ist fort, München ist ein sicherer Ort."

Daraufhin schworen das Dortmund- und das Hamburg-Schwein ihren nutzlosen Farben ab und wurden ebenfalls bayerische Schweinis. Sie besorgten sich einen Haufen Ziegelsteine, bauten ihre Häuser mit Hilfe ihres Bruders (und nach den Plänen der „Allianz Arena") wieder auf, und fortan lebten alle drei glücklich und zufrieden.

Rumpelfußball

Es war einmal ein armer Metzgermeister aus München, der hatte einen Sohn, der war Fußballtrainer. Eines Tages, der Zufall wollte es so, kam der Metzger mit dem Präsidenten des DFB ins Gespräch, und um vor diesem besser dazustehen, sagte er zu ihm: „Ich habe einen Sohn, der ist Trainer, der kann aus jedem Amateur einen Nationalspieler machen." Der Verbandspräsident erwiderte: „Das würde mir gefallen. Wenn dein Sohn das wirklich drauf hat, so wie du sagst, dann bring ihn morgen zu mir in die DFB-Zentrale, da werde ich ihn mal testen." Als nun am nächsten Tag der junge Mann zu ihm gebracht ward, führte der Präsident ihn nebenan in die Commerzbank-Arena, voll mit unfähigen Frankfurter Balltretern, gab ihm eine Pfeife und einen Fußball und sprach: „Jetzt mach dich an die Arbeit, und wenn du diese Nacht hindurch, bis morgen früh, diese Amateure hier nicht zu Nationalspielern gemacht hast, so werde ich dir deine Trainerlizenz entziehen." Darauf schloss der Präsident die Arena selbst zu und ließ den Trainer allein mit den Spielern zurück.

Da saß nun der arme Tropf und hatte keine Ahnung, wie er seine noch junge Trainerkarriere retten sollte. Er verstand rein gar nichts davon, Amateure auf das Niveau von Nationalspielern zu bringen, und mit jeder Minute bekam er mehr Angst, bis er schließlich, vor lauter Verzweiflung, leise und so weit abseits, dass ihn niemand von den Spielern sehen konnte, zu weinen anfing. Da machte es auf einmal „Puff", ein kleines, schwarz-gelb gekleidetes Männchen erschien und sprach: „Guten Abend allerseits. Warum heulst du so?" – „Ach", antwortete der junge Trainer und deutete auf den Platz mit den Frankfurter Würstchen, „ich muss diese Amateure hier über Nacht zu Nationalspielern machen und habe keinen Plan, wie ich das anstellen soll." Sprach der Unbekannte: „Was gibst du mir, wenn ich sie dahin bringe?" – „Mein neues Smartphone", sagte der junge Münchner.

Das schwarz-gelbe Männlein nahm das Handy, trat damit vor die Frankfurter Kicker, und Hacke, Spitze, eins, zwei, drei, viermal in die Pfeife getrillert, gab es ein gnadenloses Konditionsprogramm mit Zirkeltraining und Medizinbällen. Dann holte es eine Tafel hervor, und Hacke, Spitze, eins, zwei, drei, viermal in die Pfeife getrillert, gab es eine ordentliche Taktik-Schulung über das Verhalten in der Viererkette, knallhartes Pressing, das Spiel ohne Ball etc.

Und so ging es weiter bis zum Morgen, da war den Frankfurtern alles Amateurhafte ausgetrieben. Sie waren taktisch auf der Höhe, fit wie ein Turnschuh und ihre Ballbehandlung war geradezu brasilianisch. Bei Sonnenaufgang kam schon der DFB-Präsident, und als er die Spieler sah und wie sie mit dem Ball umgingen, da staunte er und freute sich, aber sein Herz wurde nur noch gieriger, und er sah schon die EM- und WM-Trophäen in seiner Vitrine. Er ließ den Sohn des Metzgers in ein anderes großes Stadion bringen, das Rhein-Energie-Stadion, wo die Kölner noch weniger mit dem Ball anzufangen wussten als die Frankfurter zuvor, und der Präsident befahl ihm, auch diese Dilettanten in einer Nacht zu Nationalspielern zu formen, wenn ihm sein Job lieb wäre.

Der junge Mann wusste sich nicht zu helfen und begann wieder im Verborgenen zu weinen, da machte es abermals „*Puff*", der kleine Unbekannte erschien und sprach: „Was gibst du mir, wenn ich dir diese Amateure ebenfalls zu Nationalspielern mache?" – „Mein Auto. Ist zwar nur ein Gebrauchtwagen, hat mich aber nie hängen lassen", antwortete der junge Trainer. Das schwarz-gelbe Männchen nahm das Auto, und Hacke, Spitze, eins, zwei, drei, viermal in die Pfeife getrillert, hatte es die Kölner Narren bis zum Morgen auf Nationalmannschafts-Niveau gepuscht.

Der Präsident freute sich über alle Maßen bei dem Anblick, hatte aber immer noch nicht genug. Also ließ er den Sohn des Metzgers in ein noch größeres Stadion bringen, die Mercedes-Benz-Arena, und sprach, mit Blick auf die völlig talentfreien Stuttgarter Ballathleten: „Die musst du in dieser Nacht noch auf Vordermann bringen, willst du deine Lizenz behalten. Gelingt es dir aber, so sollst du offiziell Bundestrainer werden." Wenn's auch nur der Sohn eines armen Metzgers ist, dachte er, einen besseren Trainer finde ich auf der ganzen Welt nicht.

Als der junge Mann allein war, kam das schwarzgelbe Männlein zum dritten Mal daher und sprach: „Was gibst du mir, wenn ich dir auch diese Kicker hier trainiere?" – „Ich habe nichts mehr, das ich dir geben könnte", antwortete der Münchner. „So versprich mir, wenn du Bundestrainer wirst, deinen ersten Nationalspieler vom FC Bayern." Wer weiß, wohin das noch führen soll, dachte der Sohn des Metzgers, aber wusste sich in seiner Not auch nicht anders zu helfen; er versprach also dem Unbekannten, was dieser verlangte, und das schwarzgelbe Männchen machte abermals aus unfähigen Amateuren Nationalspieler. Und als nun morgens der DFB-Präsident kam und alles so vorfand, wie er es sich gewünscht hatte, setzte er eine Pressekonferenz an und gab die Verpflichtung des bis dato in der Öffentlichkeit noch völlig unbekannten Münchner Metzgerssohns als neuen Bundestrainer bekannt.

Ein Jahr später nominierte dieser mit Stolz seinen ersten Bayern-Spieler für ein Länderspiel. Er hatte den Unbekannten längst vergessen, da trat der plötzlich als nunmehr eindeutiger Borusse in die Kabine und sprach: „Nun gib mir, was du versprochen hast." Der Bundestrainer erschrak und bot dem schwarz-gelben Männlein alle Reichtümer und Positionen an, die der DFB zu bieten hatte, wenn er ihm den Spieler nur beim FC Bayern lassen wollte. Aber der Borusse sprach: „Nein, ein lebender, echter Spieler ist mir lieber als alle Trophäen dieser Welt." Da fing der Bundestrainer schrecklich an zu jammern und zu lamentieren bei dem Gedanken, dass sein bayerischer Bub ein Borusse werden sollte, sodass das Männchen schließlich Mitleid mit ihm bekam. „Drei Tage, bis zum Ende der Transferperiode, will ich dir Zeit lassen", sprach es. „Wenn du bis dahin meinen Namen weißt, so soll der Spieler ein Bayer bleiben."

Die ganze Nacht hindurch dachte der Bundestrainer an alle Namen, die er jemals gehört hatte, und telefonierte mit jedem Scout rund um den Globus, sie sollten sich erkunden nach jedem Namen, den es sonst noch gäbe. Als am nächsten Tag der Borusse kam, fing der Münchner an mit Schweinsteiger, Badstuber, Beckenbauer, Müller und sagte nacheinander alle Namen auf, die ihm einfielen, aber bei jedem sprach das schwarz-gelbe Männlein: „Nein, so heiß' ich nicht."

Am zweiten Tag erkundigte er sich im Norden der Republik, wie die Leute da genannt würden, und sagte dem Borussen die ungewöhnlichsten und seltsamsten Namen vor: „Heißt du vielleicht Hrubesch oder Seeler oder van der Vaart?" Aber das Männlein antwortete immer: „Nein, so heiß' ich nicht." Am dritten Tag rief ein Scout auf dem Handy zurück und erzählte: „Neue Namen habe ich keinen einzigen finden können, aber wie ich an einem alten Ascheplatz vorbeikomme, wo schon lange kein Ball mehr gekickt wurde, da sah ich eine kleine Baracke, und vor der Baracke brannte ein Feuer, und um das Feuer sprang ein gar zu lächerliches Männchen im schwarz-gelben Trikot herum, das hüpfte auf einem Bein und schrie:

„„Heja, BVB, heja, BVB,
heute holz' ich, morgen bolz' ich,
übermorgen hol ich dem Bundestrainer
seinen Kicker;
Ach, wie gut, dass niemand weiß,
dass ich Rumpelfußball heiß'!‚"

Da kann man sich vorstellen, wie erleichtert der
Trainer war, als er diesen Namen hörte, und als
kurz darauf der Borusse erschien und fragte:
„Nun, Herr Bundestrainer, zum letzten Mal: Wie
heiße ich?", fragte der Münchner: „Heißt du
Kuntz?" – „Nein." – „Heißt du vielleicht Kaltz?" –
„Nein!" – „Heißt du etwa Rumpelfußball?" – „Das
hat dir der Teufel gesagt, das hat dir der Teufel
gesagt!", schrie das schwarz-gelbe Männchen und
stieß mit den Stollen unter seinem rechten Fußballschuh vor Zorn so tief in die Erde, dass der
Schuh bis zu den Adduktoren hineinfuhr, dann
packte es in seiner Wut seinen schwachen linken
Fuß mit beiden Händen und riss sich selbst mitten entzwei.

Franz im Glück

Franz hatte viele Jahre sowohl als Spieler wie auch als Teamchef für die Nationalmannschaft gespielt und gearbeitet. Zwei Weltmeistertitel hatte er in dieser Zeit gewonnen. Eines Tages ging er zu seinem Präsidenten und sprach: „Herr Präsident, meine Zeit ist um. Ich will wieder heim, nach München, zu meiner Mutter, gebt mir meinen Lohn." Der Präsident antwortete: „Du hast immer Top-Leistung gebracht, auf und neben dem Platz, warst nie verletzt, kamst nie zu spät aus dem Urlaub, hast nie eine Stammplatz-Garantie gefordert und dich stets in den Dienst der Mannschaft gestellt. Wie dein Spiel war, so soll auch dein Lohn sein", und gab ihm ein Stück Gold, so groß wie der Weltmeisterschaftspokal. Franz holte die Sporttasche aus seinem Spind, packte das Gold hinein, hing sie um seine Schulter und machte sich auf den Weg nach Hause.

Wie er so dahinging und immer ein Bein vor das andere setzte, begegnete er einem Reiter, der frisch und fröhlich auf einem Gladbacher Fohlen vorbeitrabte. „Ach", sprach Franz ziemlich laut, „a Mordsgaudi, das Reiten! Is' wie auf 'ner Couch, man läuft's sich nicht die Hacken wund, spart seine Turnschuhe und kommt vorwärts, ohne recht zu wissen, wie." Der Reiter hatte ihn gehört, hielt an und rief: „Hey, Franz, warum gehst du auch zu Fuß?" – Muss ich ja wohl, der Jet war besetzt", antwortete der. „Außerdem muss ich einen Mords-Klumpen nach Hause schleppen. 's ist zwar Gold, aber ich kann den Kopf kaum noch gerade halten, außerdem bringt mich mein Rücken fast um." – „Weißt du was", sagte der Reiter, „lass uns tauschen – ich geb dir mein Fohlen, und du gibst mir deinen Klumpen." – „Ist gebongt", sprach Franz, „aber eins sag ich dir, das Ding ist echt schwer." Der Reiter stieg ab, nahm die Tasche mit dem Gold und half Franz auf das Fohlen hinauf. Er gab ihm die Zügel fest in die Hand und sprach: „Wenn's schnell gehen soll, so musst du mit der Zunge schnalzen und ‚Vorwärts, Gladbach, kämpfen und siegen' rufen."

Franz war glückselig, als er auf dem Pferdchen saß und locker-flockig daherritt. Nach einiger Zeit fand er, es könne ruhig etwas schneller gehen, und er fing an, mit der Zunge zu schnalzen, und rief: „Vorwärts, Gladbach, kämpfen und siegen!" Das Fohlen setzte sich in starken Trab, und ehe sich's Franz versah, war er abgeworfen und lag im Straßengraben. Das Pferdchen wäre wohl ganz durchgegangen, wenn es nicht ein Tierpfleger aufgehalten hätte, der gerade des Weges kam und das Duisburger Zebra mit sich an der Leine führte. Franz sortierte seine Knochen, stellte fest, dass er sich nichts gebrochen hatte, und stand wieder auf. Aber er war stocksauer und sagte zu dem Tierpfleger: „Was für ein Mist, das Reiten, vor allem, wenn man so einen Gaul abkriegt wie ich hier, der einen bockend abwirft. Dabei kann man sich ja den Hals brechen. Keine zehn Pferde kriegen mich dort wieder rauf. Da lob' ich mir dein Zebra. Dem kann man gemütlich hinterhergehen, während man durch Europa zieht, und obendrein noch etwas Geld kriegen, wenn Menschen es sich ansehen möchten. Was würde ich dafür geben, wenn ich so ein Zebra hätte!" – „Na", sprach der Tierpfleger, „wenn es dich so glücklich macht, will ich mein Zebra gerne gegen dein Fohlen eintauschen." Franz willigte begeistert ein, und so schwang sich der Tierpfleger auf das Pferdchen und ritt eilig davon.

Franz trieb sein Zebra ruhig vor sich her und dachte über seinen glücklichen Handel nach:

„Wow, sobald ein paar Leute mein Zebra sehen, hab ich genug Geld, um mir so viel Semmeln und Würstel zu kaufen, wie ich will. Kann man sich mehr wünschen?" Als er wenig später zu einer Kneipe kam, machte er Halt, aß in seiner Freude noch schnell seinen gesamten Proviant auf und gab sein letztes bisschen Geld für ein Bier aus. Aber es waren kaum Leute in der Bar, die sein Zebra sehen, geschweige denn Geld dafür bezahlen wollten, und so zog er daraufhin weiter Richtung Heimat. Als es auf den Mittag zuging, wurde es heißer und drückender. Die nächste Stadt war noch ein gutes Stück entfernt, und Franz bekam schrecklichen Durst. Schließlich hatte das Zebra keine Lust mehr weiterzugehen und blieb mitten auf der Straße stehen. Franz versuchte zu ziehen, dann zu schieben, aber nichts bewegte sich. Und weil er sich so ungeschickt dabei anstellte, gab ihm das sture Tier schließlich mit einem seiner Hinterläufe einen solchen Tritt vor den Kopf, dass er zu Boden taumelte und k.o. ging.

Glücklicherweise kam gerade ein Metzger des Weges, der auf einem Schubkarren den Kölner Geißbock liegen hatte. „Was ist dir denn passiert?", rief der Metzger und half dem guten Franz auf. Franz erzählte, was vorgefallen war. Der Metzger reichte ihm seine Flasche und sprach: „Trink erst mal und erhol dich. Zebras taugen nicht für eine Tour durch Europa, und Eintritt will dafür auch keiner bezahlen. Wenn's gut läuft, reicht's für den Zoo, wenn nicht, bleibt nur noch das Schlachten." – „Herrje", sprach Franz und raufte sich die Haare, „wer hätte das gedacht! Schon praktisch, wenn man so ein Tier selbst schlachten kann, da hat man reichlich Fleisch. Aber ich mach' mir nichts aus exotischer Küche. Ich steh' mehr auf gut bürgerlich. Wenn ich eine so schöne Ziege hätte! Die schmeckt schon anders. Dazu noch der Schal um den Hals für den Winter…" – „Hör zu, Franz", sprach der Metzger, „dir zuliebe will ich tauschen und dir den Kölner Geißbock für das Duisburger Zebra lassen." – „Gott sei mit dir", sprach Franz, übergab dem Metzger das Zebra, ließ sich den Geißbock vom Karren losmachen und den Strick, womit er festgebunden war, in die Hand geben.

Franz zog weiter und dachte darüber nach, wie sehr bei ihm doch alles nach Wunsch liefe; tauchte ein Problem auf, so wurde es sogleich gelöst. Kurz darauf gesellte sich ein junger Bursche zu ihm, der einen schönen Adler auf dem Arm trug. Sie zogen eine Zeitlang zusammen weiter, und Franz fing an, von seinem Glück zu erzählen und davon, wie vorteilhaft er immer getauscht hatte. Der Bursche erzählte ihm, dass er den Adler als neuen

Wappenvogel zur Frankfurter Eintracht brächte. „Sieh mal", sagte er, „wie majestätisch dieser Flieger aussieht. Als Maskottchen macht der doch echt was her." – „Ja", sprach Franz und betrachtete den Vogel von allen Seiten, „sieht echt stolz aus. Aber mein Geißbock wäre auch ein prima Wappentier." Währenddessen sah sich der Bursche die ganze Zeit besorgt nach allen Seiten um und schüttelte leicht den Kopf. „Hör zu", fing er daraufhin an, „mit deinem Geißbock stimmt was nicht. In der Stadt, durch die ich gerade gekommen bin, ist eben dem 1. FC seiner gestohlen worden. Ich fürchte, du hast da gerade Hennes VIII. an der Hand. Sie haben schon Leute losgeschickt, die nach ihm suchen sollen. Es wäre eine dumme Sache, wenn sie dich hier mit ihm erwischten – wenn du Glück hast, wirst du bloß verdroschen." Dem guten Franz wurde angst und bange. „Verdammt", sprach er, „kannst du mir helfen? Du kennst dich hier in der Gegend besser aus als ich. Nimm meinen Ziegenbock und lass mir deinen Adler." – „Ich muss verrückt sein", antwortete der Bursche, „aber ich will's nicht gewesen sein, wenn du deswegen aufgemischt wirst, oder gar Schlimmeres." Er nahm also das Seil in die Hand und trieb den Geißbock schnell über eine Seitenstraße fort; der gute Franz aber ging erleichtert, mit dem

Adler auf dem Arm, weiter Richtung Heimat. „Wenn ich richtig darüber nachdenke", sagte er zu sich selbst, „habe ich mit dem Vogel einen guten Tausch gemacht. So ein Wappentier ist in diesen Tagen bestimmt gefragt, und wenn ich den Adler zur Eintracht nach Frankfurt bringe, lassen die bestimmt ein hübsches Sümmchen für ihn springen. Muttern wird stolz auf mich sein!"

Schließlich kam er auf seinem Weg durch ein kleines Kaff, nördlich von Lüdenscheid, da stand ein Imker mit seinem Karren voller Bienenstöcke. Die summten, und der Imker sang dazu:

„Borussiaaaaa, Borussiaaaa!"

Franz sah ihm zu. Nach einiger Zeit schließlich sprach er ihn an: „Dir geht's wohl gut, wenn du so fröhlich mit deinen Bienen summst." – „Absolut", antwortete der Imker, „der Job ist so golden wie der Honig den er produziert. Ein guter Imker hat stets etwas Kohle auf Tasche. Aber wo hast du den schönen Adler gekauft?" – „Den habe ich nicht gekauft, sondern gegen einen Kölner Geißbock eingetauscht." – „Und den Geißbock?" – „Den hab ich für ein Duisburger Zebra gekriegt." – „Und das Zebra?" – „Das hab ich für ein Gladbacher Fohlen bekommen." – „Und das Fohlen?" – „Dafür hab ich einen Klumpen Gold gegeben, der so groß war wie der Weltmeisterschaftspokal." – „Und das Gold?" – „Tja, das war mein Lohn für viele Jahre in Diensten des DFB." – „Du hast dir stets zu helfen gewusst", sprach der Imker. „Wenn du es jetzt noch schaffst, dass du andere für dich arbeiten lässt, so hast du dein Glück gemacht." – „Wie soll ich das anfangen?", sprach Franz. – „Du musst Imker werden, so wie ich. Dazu gehört eigentlich nicht viel. Lediglich ein Bienenstock, der Rest ergibt sich fast von selbst. Hier hab ich einen, der hat zwar eine kleine Macke, aber wenn du mir dafür deinen Adler geben würdest, wären wir quitt. Wie sieht's aus, bist du dabei?" – „Das fragst du noch?", antwortete Franz. „Ich wäre der glücklichste Mensch auf der Welt; würde andere für mich arbeiten lassen und hätte immer genug Geld. Was ein Traum." Sprach's, reichte ihm den Adler und nahm dafür den Bienenkorb in Empfang. Dann zog der Imker summend mit seinem Karren davon.

Franz lud sich den alten Bienenstock auf die Schultern und zog ebenfalls vergnügt weiter; seine Augen leuchteten vor Freude. „Ich muss ein echter Glückspilz sein", rief er aus. „Alles, was ich mir wünsche, wird wahr." Weil er aber seit Tagesanbruch auf den Beinen war, wurde er allmählich müde, und hungrig war er auch, weil er ja vor lauter Freude über das Zebra seine sämtlichen Vorräte aufgegessen hatte. Der Bienenkorb wog zudem gefühlt eine Tonne, und Franz kam nur noch mühsam voran. Andauernd musste er anhalten und eine Pause einlegen. Zu allem Überfluss stachen ihn auch noch ständig Bienen, die aus ihrem kaputten Stock in sein Gesicht flogen, in die Backe. Er konnte sich des Gedankens nicht erwehren, wie gut es doch wäre, wenn er gerade jetzt die schwarz-gelbe Brut nicht am Hals hätte. Wie eine Schnecke schlich er sich zu einem Brunnen. Er wollte ein wenig ausruhen und sich mit etwas kühlem Wasser erfrischen – den Bienenkorb stellte er, um ihn nicht zu beschädigen, vorsichtig auf dem gemauerten Brunnenrand ab. Gerade bückte er sich zum Trinken nieder, als er aus Versehen dagegenstieß und der Bienenstock in die Tiefe plumpste. Als Franz sah, wie er mitsamt dem schwarz-gelben Gesummse unterging, sprang er vor Freude auf. Mit Glückstränen in den Augen kniete er nieder und dankte dem Fußballgott dafür, dass er ihn nun auch von dieser Plage erlöst hatte, ohne dass Franz ein schlechtes Gewissen zu haben brauchte. „Ich bin der glücklichste Mensch unter der Sonne", rief er aus. Von aller Last befreit, sprang er auf und lief auf direktem Weg zurück nach München, zur Säbener Straße, wo er vor Jahren seine beste Zeit gehabt hatte und was für immer seine Heimat war.

Servus, Franz!

Der gestiefelte Bazi

Es war einmal ein Fleischermeister aus München, der hatte drei Söhne, ein kleines Haus, ein altes Auto und einen Kater; die Söhne mussten stets fleißig für die Schule lernen, mit dem Auto wurden alle Besorgungen und Fahrdienste gemacht, der Kater dagegen sollte die Mäuse in Haus und Garten fangen. Als der Fleischermeister starb, teilten die Söhne das Erbe unter sich auf. Der älteste bekam das Haus, der zweite das Auto, der dritte den Kater; weiter blieb nichts für ihn übrig. Da war er doch etwas enttäuscht und sagte zu sich selbst: „Hab ich ja echt ins Klo gegriffen. Mein ältester Bruder hat ein Dach über dem Kopf, mein zweiter kann fahren, wohin er will – aber was soll ich mit dem sonderbaren Kater anfangen? Aus dem Fell krieg' ich höchstens ein paar Pelz-Pantoffeln, wenn überhaupt."

„Hör zu", fing darauf der Kater an, der alles verstanden hatte, „du brauchst mich echt nicht zu töten, nur für ein paar schlechte Schlappen; kauf mir lieber ein Paar Fußballstiefel, dass ich raus auf die Fußballplätze kann, ohne mich zu blamieren, dann soll dir schon bald geholfen sein." Der Metzgerssohn traute seinen Ohren nicht, wie er den Kater so reden hörte, aber da sie gerade an einem Sportgeschäft vorbeigingen, wurde ein kleiner Zwischenstopp eingelegt und ein Paar brandneue Stollenschuhe gekauft. Zufrieden zog sie der Kater noch im Geschäft an, nahm eine Sporttasche aus dem Regal, packte ein paar Fußbälle hinein, warf sie sich über die Schulter und ging dann auf zwei Beinen, wie ein Mensch, zur Tür hinaus.

Damals wie heute regierte König Fußball das Land, und alle großen Klubs waren stets ganz versessen auf junge Nachwuchstalente für ihre Teams. Es herrschte aber ein großer Mangel an Ausnahmekickern, und kein Verein wusste welche zu kriegen, geschweige denn war fähig, selbst auszubilden. Die Plätze in der Provinz waren zwar voll mit guten, jungen Spielern, nur die entsprechenden Vereine waren so klein, dass kein Talentscout sie entdecken konnte. Das wusste der Kater und nahm sich vor, die Sache besser zu machen. Als er die Fußballplätze in den Dörfern so beobachtete, guckte er sich die besten Talente aus, lauerte ihnen nach dem Training auf dem Parkplatz mit einem schicken, geliehenen Sportflitzer auf, schenkte ihnen einen neuen Fußball und versprach ihnen das Goldene vom Himmel, sollten sie mit ihm einen Beratervertrag abschließen und so die Geschicke ihrer Karrieren in seine Pfoten legen. Die Spieler kamen schon bald angelaufen, sahen die Luxuskarosse vor der Kabine stehen – und einer nach dem anderen unterschrieb. Als er eine gute Anzahl im Sack hatte, nahm der Kater die Verträge und zog mit den Auserwählten geradewegs zur Säbener Straße, wo die stolzen Münchner Bayern heimisch waren. Der Platzwart aber rief: „Halt! Wohin?" – „Zum Präsidenten!", antwortete der Kater ohne Umschweife. „Bist du noch ganz dicht? Ein Kater und will zum Präsidenten?" – „Ach, lass ihn nur gehen", sagte ein anderer, „der Boss hat doch oft Langeweile, vielleicht hat er an so 'nem verrückten Kater Spaß." Als der Kater ins Büro des Oberbayern trat, machte er eine tiefe Verbeugung und sagte: „Mein Chef, der Geschäftsführer der *Bavarias-Best-Personal-Management-Agency*, lässt sich dem Herrn Präsidenten empfehlen und schickt ihm diese Spitzentalente hier", womit er auf die im Foyer wartenden Spieler verwies. Der oberste Bayer kriegte sich gar nicht mehr ein vor Freude und bestand darauf, dass sich der Kater so viel Geld vom Festgeldkonto nahm, wie er in seiner Sporttasche nur tragen konnte. „Das bringe deinem Chef und danke ihm vielmals für sein Geschenk."

Der arme Metzgerssohn aber saß zu Hause vorm Fernseher und war sauer, wenn er darüber nachdachte, dass er sein letztes Geld für die Fußballstiefel des Katers rausgehauen hatte, der ihm dafür wohl auch nichts Besseres ranschaffen würde. Da kam der Kater herein, warf die Tasche von seinem Rücken, machte sie auf und schüttete das Geld direkt vor seinem Herrchen auf den Couchtisch. „Da hast du ein bisschen Bares vom Bayern-Boss, der dich ganz herzlich grüßen lässt und sich für die jungen Toptalente bei dir bedankt." Der Metzgerssohn war völlig baff wegen des ganzen Geldes und konnte gar nicht begreifen, wie sich das abgespielt hatte. Der Kater aber erzählte ihm alles, während er seine Fußballschuhe auszog, dann sagte er: „Okay, du hast jetzt zwar einen Haufen Geld, aber dabei soll es nicht bleiben; morgen schnür' ich mir wieder meine Fußballstiefel, dann sollst du noch reicher werden; dem Herrn Präsidenten habe ich nämlich erzählt, dass du der Chef einer Top-Spielervermittlungs-Agentur bist." Am nächsten Tag zog der Kater wieder in seinen Fußballschuhen auf die Jagd nach neuen Nachwuchskickern und lieferte dem Präsidenten erneut eine reiche Auswahl. So ging es eine ganze Zeit lang; der Kater brachte jeden Abend reichlich Geld mit nach Hause und war beim obersten Bayern schließlich so beliebt, dass er auf dem Vereinsgelände nach Belieben ein- und ausgehen konnte.

Einmal stand der Kater am Trainingsplatz der Profis und wärmte sich mit einer schönen Tasse Kaffee, da kam der Fahrer des Mannschaftsbusses und fluchte: „Zum Teufel mit dem Chef und seiner Sekretärin! Da will ich mal in die Kneipe gehen, um mir einen zu trinken und ein bisschen zu knobeln, da soll ich die beiden jetzt durch die Gegend kutschieren, draußen beim Starnberger See." Wie der Kater das hörte, schlich er nach Hause und sagte zu seinem Herrchen: „Also wenn du es je zu was bringen und richtig reich werden willst, dann kommst du jetzt mit mir raus zum Starnberger See und gehst dort 'ne Runde schwimmen." Der Metzgerssohn wusste nicht, was er dazu noch sagen sollte, doch schließlich folgte er dem Kater mit einem Achselzucken zum See, zog sich dort splitterfasernackt aus und sprang ins kalte Wasser. Der Kater aber schnappte sich die Klamotten, trug sie fort und versteckte sie. Er war gerade damit

fertig, da kam auch schon der Bayern-Boss daher-
gefahren; der Kater fing sogleich an, erbärmlich
zu lamentieren, ähnlich wie ein Italiener auf dem
Fußballplatz: „Ach! Herr Präsident! Mein Chef
war gerade bei seiner morgendlichen Schwimm-
einheit, als ihm irgendein Schurke seine Kleidung
gestohlen hat, die am Ufer lag; nun ist der Herr
im Wasser und kann nicht heraus, aber wenn
er noch länger drinbleibt, wird er sich den Tod
holen." Wie der Präsident das hörte, ließ er die Limousine anhalten, und sein Fahrer musste zu Fuß
zurück zur Geschäftsstelle laufen, um aus dem
Büro des Bosses einen frischen Anzug zu holen.
Der Metzgerssohn zog dann auch den exklusiven
Designeranzug an, und weil ihm der Ober-Bayer
ohnehin, wegen all der jungen Nachwuchsspie-
ler, von denen er glaubte, sie von ihm gekriegt zu
haben, verbunden war, so musste er sich zu diesem in die Limousine setzen. Die Sekretärin hatte
auch nichts dagegen, denn sie war noch Single,
und der junge Herr gefiel ihr doch recht gut.

Der Kater aber war weit vorausgegangen und
zu einem großen Areal mit mehreren Kunstrasenplätzen gekommen, wo über hundert Jugendliche
beim Fußballtraining waren. „Wessen Trainingsgelände ist das hier?", fragte er. „Das ist ein Nach-
wuchs- und Sichtungstrainingslager von Real Ma-

drid." – „Hört zu, gleich wird ein hohes Tier von Funktionär hier vorbeifahren. Wenn er wissen will, wem das Gelände hier gehört, dann antwortet ihr: der *Bavarias-Best-Personal-Management-Agency*; wenn ihr das nicht macht, dann, das schwöre ich euch, werdet ihr im Profifußball kein Bein mehr auf den Boden kriegen und euer Leben lang in den Bezirksligen dieser Welt kicken." Darauf ging der Kater weiter und kam an die Baustelle eines riesigen und prachtvollen Bürokomplexes, so hoch, dass man kaum bis zum Dach raufgucken konnte; da waren mehr als zweihundert Leute beschäftigt und schweißten, hämmerten und mauerten. „Wer ist der Bauherr von diesem riesigen Klotz?" – „Das hier ist ein Immobilien-Spekulationsobjekt von Real Madrid." – „Hört zu, gleich wird ein hohes Tier von Funktionär hier vorbeifahren. Wenn er wissen will, wer das hier bauen lässt, dann antwortet ihr: die *Bavarias-Best-Personal-Management-Agency*; wenn ihr das nicht macht, dann, das schwöre ich euch, werde ich dafür sorgen, dass ihr eure Jobs an eine billige Arbeitskolonne aus Osteuropa verliert." Schließlich kam der Kater an einem Flugfeld vorbei, wo mehr als dreihundert Mann damit beschäftigt waren, teure und schnittige Privatjets zu warten, zu reparieren und zu polieren. „Wem gehören die ganzen Flug-

zeuge?" – „Real Madrid und seinen Sponsoren." –
„Hört zu, gleich wird ein hohes Tier von Funktionär hier vorbeifahren. Wenn er wissen will, wem
die Flugzeugflotte hier gehört, dann antwortet ihr:
der *Bavarias-Best-Personal-Management-Agency*;
wenn ihr das nicht macht, dann, das schwöre ich
euch, werdet ihr für den Rest eures Lebens Autos
bei Gebrauchtwagenhändlern polieren."

Der Kater zog noch weiter, die Arbeiter blick-
ten ihm alle nach, und weil er so wunderlich aussah, wie er in seinen Stollenschuhen daherschritt,
ganz so wie ein richtiger Fußballer, fürchteten sie
sich vor ihm. Er kam bald zur privaten Ferienresidenz des Präsidenten von Real Madrid, trat
frech ein und direkt vor den obersten Madrile-
nen. El Presidente sah ihn verächtlich an, dann
fragte er ihn, was er denn wolle. Der Kater ver-
beugte sich tief und antwortete: „Ich hab läuten
hören, dass du dich in jedes x-beliebige Wappentier verwandeln kannst, je nachdem, wer dir
gerade am meisten bietet; wenn du dich so von
einem Wolfsburger Wolf in einen Berliner Bären
oder ein Duisburger Zebra verwandeln würdest,
das könnte ich wohl glauben, aber in einen Kölner
Geißbock, das kauf ich dir nicht ab. Und eben deshalb bin ich hier, um mich persönlich davon zu
überzeugen, zumal ich nicht glaube, dass du dich

mit deutschen Maskottchen auskennst." Der Präsident sagte arrogant, wie er nun mal war: „Das ist ein Klacks für mich", und verwandelte sich von jetzt auf gleich in einen Geißbock im Köln-Trikot. „Wow, sehr cool", sagte der Kater, „aber klappt das auch mit einem Sechzger-Löwen?" – „Das ist ebenfalls kein Problem", sagte der Spanier, und schon stand er als wilder Löwe von 1860 München da. Der Kater tat ganz erschrocken und rief: „Das ist unglaublich, total toll, das hätte ich im Traum nicht gedacht; aber noch heftiger fänd ich es, wenn du dich in ein kleines Tier verwandeln könntest, von mir aus auch in eines aus deinem Land, eine Valencianische Fledermaus zum Beispiel. Du bist bestimmt ein toller Hecht, aber das wird wohl auch für dich zu hoch sein." Der Präsident von Real Madrid wurde handzahm von all den freundlichen Worten, sagte: „Okay, du liebes Kätzchen, das hab ich auch drauf", und flatterte auf einmal als kleiner Blutsauger durch das Zimmer. Da machte der Kater einen großen Satz, fing die Fledermaus im Flug und verspeiste sie mit einem Bissen.

Der Bayern-Präsident war in der Zwischenzeit mit dem angeblichen Chef-Spielervermittler weiter spazieren gefahren und kam schließlich zu den großen Kunstrasenplätzen. „Wem gehört dieses Trainingsgelände?", fragte der Präsident. „Der *Bavarias-Best-Personal-Management-Agency*", riefen alle, ganz so, wie der Kater es ihnen befohlen hatte. „Da habt ihr ja eine ganz schöne Talentschmiede, mein Herr", sagte der Präsident. Anschließend kamen sie zu der Großbaustelle. „Wer baut denn hier, Männer?" – „Die *Bavarias-Best-Personal-Management-Agency*!" – „Mein lieber Schwan, der Herr! Das wird ja ein richtiger Palast von Firmensitz!" Darauf ging es zum Flugfeld: „Wem gehören denn all die Privatjets?" – „Der *Bavarias-Best-Personal-Management-Agency*", antworteten die Arbeiter. Der oberste Bayer kam aus dem Staunen gar nicht mehr heraus und sagte: „Ihr müsst ein reicher Mann sein, mein Herr, und eure Geschäfte müssen unglaublich gut laufen. Ich glaube nicht, dass ich jemals eine beeindruckendere Flugzeugflotte gesehen habe."

Zum guten Schluss gelangten sie zur Ferienresidenz. Der Kater stand vorne am Haupteingang, und als die Limousine davor hielt, ging er zu dem Wagen hinüber, öffnete die hintere Fahrzeugtür und sagte: „Herr Präsident, hier seid ihr auf dem privaten Anwesen meines werten Chefs, der sich dadurch sein Leben lang geehrt fühlen wird." Der Präsident stieg aus und war ganz erschlagen von dem riesigen Domizil, das fast größer und schöner war als sein eigener Wohnsitz. Der Metzgerssohn hatte inzwischen Gefallen an seiner Rolle als führender Spielervermittler gefunden und geleitete den Präsidenten ins Haupthaus, dessen Eingangshalle schon so pompös war wie ein Palast aus Tausendundeinenacht. Dann wurden Nägel mit Köpfen gemacht: Der junge Herr bekam die Handynummer der Sekretärin und machte ein erstes Date für die Weihnachtsfeier klar, und als der Bayern-Boss wenig später in Ruhestand ging, wurde ein junger Metzgerbursche Präsident der Roten – und der gestiefelte Bazi sein Manager.

Der Löwe und die sieben Bazis

Es war einmal eine alte Geiß aus München, die hatte sieben Zicklein, die sie ihre Bazis nannte, und sie hatte alle lieb, wie eine Mutter ihre Kinder nur lieb haben kann. Eines Tages wollte sie zum Einkaufen; da rief sie alle sieben herbei und sprach: „Kids, ich muss zu Aldi. Macht keinen Quatsch und gebt acht mit dem Löwen. Wenn der hier reinkommt, so frisst er euch alle mit Haut und Haar. Der Sechzger verstellt sich oft, aber er hat eine raue Stimme, und an seinem blau-weißen Trikot werdet ihr ihn gleich erkennen." Die kleinen Bazis sagten: „Wir passen schon auf, Mama, mach dir keine Sorgen." Da nickte die Alte und machte sich getrost auf den Weg.

Es dauerte nicht lange, so klopfte jemand an die Haustür und rief: „Macht auf, ihr lieben Kinder, eure Mama ist da und hat jedem von euch etwas mitgebracht!" Aber die Bazis hörten an der rauen Stimme, dass es der Löwe war. „Wir machen nicht auf", riefen sie, „du bist nicht unsere Mama! Die hat eine feine und liebliche Stimme, aber deine ist rau; du bist der Sechzger!" Da ging der Löwe fort zu einem Biergarten und bestellte sich ein großes Helles, Münchner Brauart – das trank er auf ex und machte damit seine Stimme fein. Dann kam er zurück, klopfte an die Haustür und rief: „Macht auf, ihr lieben Kinder, eure Mutter ist da und hat jedem von euch etwas mitgebracht!" Aber der Löwe hatte seinen blau-weißen Ärmel ins Fenster gelegt, das sahen die Bazis und riefen: „Wir machen nicht auf, unsere Mama trägt keine Versagerkluft wie du; du bist der Sechzger!" Da lief der Löwe zu einem Fanshop und sprach: „Gib mir ein Bayern-Trikot!" Der Verkäufer dachte: Der Typ will wen abzocken, und weigerte sich, aber der Löwe sprach: „Wenn du es nicht tust, dann gibt's was auf die Goschen!" Da fürchtete sich der arme 450-Euro-Jobber und gab ihm ein rotes Gewand. – Ja, ja, so sind die Menschen.

Nun ging der Bösewicht zum dritten Mal zu der Haustüre, klopfte an und sprach: „Macht mir auf, Kinder, euer liebes Mamilein ist heimgekommen und hat jedem von euch was vom Discounter mitgebracht." Die kleinen Bazis riefen: „Zeig uns erst dein Trikot, damit wir wissen, dass du unsere Mama bist!" Da legte der Löwe seinen Ärmel ins Fenster, und als sie sahen, dass er rot-weiß war, glaubten sie, es sei alles wahr, was er sagte, und machten die Türe auf. Wer aber hereinkam, das war der Sechzger. Die Bazis erschraken und wollten sich verstecken. Der eine sprang unter den Tisch, der zweite unters Bett, der dritte hinter die Couch, der vierte in die Küche, der fünfte in den Schrank, der sechste unter das Waschbecken, der siebte hinter den Fernseher. Aber der Löwe fand sie alle und machte keine Gefangenen: Einen nach dem anderen schluckte er sie in seinen Rachen, nur den jüngsten, hinter dem Fernseher, den fand er nicht. Als der Löwe seinen Hunger gestillt hatte, zog er ab, legte sich draußen auf der grünen Wiese unter einen Baum und fing an zu schlafen.

Nicht lange danach kam die alte Geiß vom Einkaufen wieder nach Hause. Ach herrje, wie sah es denn hier aus?! Die Haustür stand sperrangelweit offen – Tisch, Stühle und Playstation waren umgeworfen, das Waschbecken lag in Scherben, Decken und Kissen waren aus den Betten gezogen. Die Geiß suchte nach ihren Kindern, aber sie waren nirgends zu finden. Nacheinander rief sie

sie beim Namen, aber niemand antwortete. Endlich, als sie beim jüngsten ankam, da rief eine feine Stimme: „Mama, ich stecke hinterm Fernseher." Sie holte den Kleinen vorsichtig hinter dem 60-Zoll-LED-Flachbildschirm hervor, und er erzählte ihr, dass der Löwe gekommen sei und all die andern gefressen habe. Verständlich, dass die gute Geiß danach völlig fertig war.

Doch schließlich verließ sie in all ihrem Kummer das Haus, zusammen mit dem jüngsten Bazi. Als sie auf die Wiese kamen, lag da der Löwe unter einem Baum und schnarchte, dass die Äste zitterten. Frau Geiß betrachtete ihn von allen Seiten und sah, dass sich in seinem vollgefressenen Bauch etwas bewegte und zappelte. Oh Gott, dachte sie, sollten meine armen Kids, die er gerade als Imbiss hinuntergewürgt hat, etwa noch am Leben sein? Da musste der kleine Bazi rasch nach Hause laufen und Schere, Nadel und Faden holen. Dann schnitt die Geiß dem Ungetüm den Wanst auf, und kaum hatte sie einen Schnitt getan, so streckte schon ein Bazi den Kopf heraus. Als sie weiterschnitt, da sprang nacheinander das ganze Team heraus, und alle waren noch am Leben, denn das Ungetüm hatte sie in seiner Gier in einem Stück hinuntergeschluckt. Das war eine Freude! Die Kleinen fielen ihrer Mama um den

Hals und hüpften herum, als hätten sie gerade die Champions League gewonnen. Die Alte aber sagte: „Jetzt lauft los und sucht mir große Pflastersteine, damit wollen wir dem Sechzger den Bauch füllen, solange er hier noch ratzt." Da schleppten die sieben Bazis in aller Eile die Steine herbei und steckten so viele davon in den Bauch des Löwen, wie sie hineinquetschen konnten. Dann nähte ihn die Alte schneller wieder zu, als er „Heya, heya, TSV" sagen konnte. Er bemerkte rein gar nichts und regte sich nicht einmal.

Als der Löwe endlich ausgeschlafen hatte, stand er auf, und weil ihm die Steine im Magen so großen Durst machten, wollte er zu einem Brunnen gehen und trinken. Als er aber anfing, sich hin und her zu bewegen, stießen die Steine in seinem Bauch aneinander und rappelten. Da rief er:

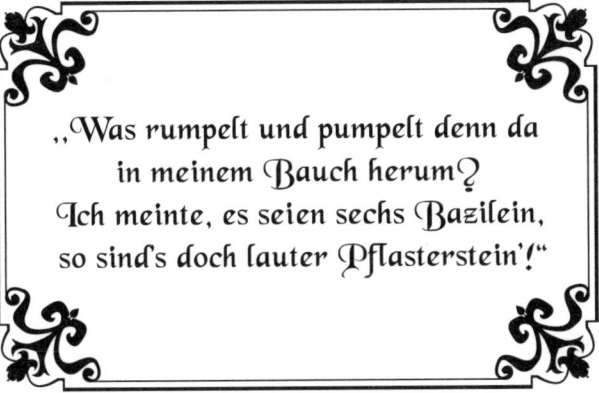

„Was rumpelt und pumpelt denn da
in meinem Bauch herum?
Ich meinte, es seien sechs Bazilein,
so sind's doch lauter Pflasterstein'!"

Und als er an den Brunnen kam und sich über das Wasser bückte, um etwas zu trinken, da zogen ihn die schweren Steine hinein, und er musste jämmerlich ersaufen. Als die sieben Bazis das sahen, kamen sie herbeigelaufen und riefen laut:

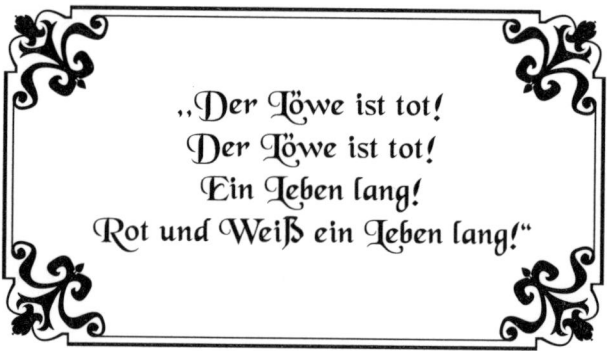

„Der Löwe ist tot!
Der Löwe ist tot!
Ein Leben lang!
Rot und Weiß ein Leben lang!"

Und sie tanzten mit ihrer Mama vor Freude um den Brunnen herum.

Herr Trainer

Es war einmal eine alleinerziehende Mutter, die hatte zwei Söhne, davon sah einer gut aus, war fleißig und talentiert am Ball, der andere aber war hässlich, faul und gänzlich talentfrei. Sie hatte aber den hässlichen und faulen, weil er ihr eigener Sohn war, viel lieber, und der andere, den sie vor Jahren adoptiert hatte, musste zu Hause die ganze Arbeit tun und war der Prügelknabe für alles. Der arme Junge musste jeden Tag nach der Schule und auch in seinen Ferien auf einem Bergbauernhof schuften und so viel schleppen, Ställe ausmisten und Tiere versorgen, bis seine Finger blutig waren.

Nun trug es sich zu, dass der Stiel seiner Mistgabel einmal ganz blutig war; da bückte er sich damit über einen Brunnen, um den Stiel im Wasser abzuwaschen, doch das Werkzeug rutschte ihm aus der Hand und fiel hinein. Er weinte, so verzweifelt war er, lief zu seiner Adoptivmutter und erzählte ihr das Unglück. Sie aber schimpfte daraufhin bloß heftig mit ihm und wurde gar so unbarmherzig, dass sie sprach: „Wenn du die Gabel da reingeschmissen hast, holst du sie auch wieder heraus." Da ging der Junge zu dem Brunnen zurück und wusste nicht, was er tun sollte, und letztlich sprang er trotz seiner Angst in den Schacht hinein, um die Mistgabel zu holen.

Er verlor das Bewusstsein, und als er erwachte und wieder klar war, fand er sich auf einer schönen Wiese wieder, wo die Sonne schien und viele tausend Blumen standen. Hier ging er weiter und kam schließlich zu einem Fußballplatz, dessen Rasen beinahe so hoch wie die Wiese war, auf der er wandelte. Der Rasen aber rief:

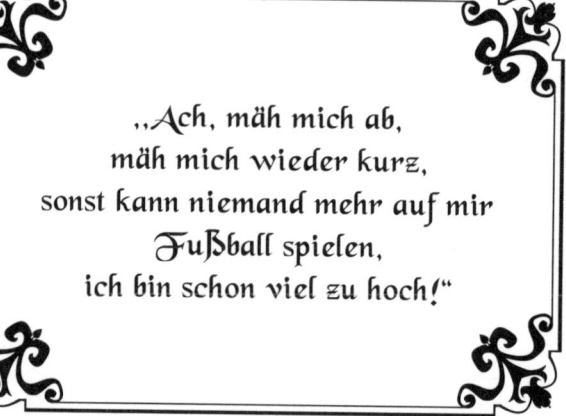

„Ach, mäh mich ab,
mäh mich wieder kurz,
sonst kann niemand mehr auf mir
Fußball spielen,
ich bin schon viel zu hoch!"

Da ging der Junge hinüber, holte einen Rasenmäher und mähte den Rasen so ordentlich und kurz wie einen grünen Teppich. Danach ging er weiter und kam zu einem Stapel mit Fußbällen, die alle völlig platt waren. Die Bälle riefen ihm zu:

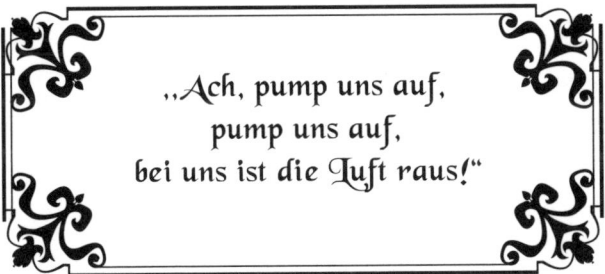

„Ach, pump uns auf,
pump uns auf,
bei uns ist die Luft raus!"

Da nahm der Junge eine Ballpumpe und füllte die Bälle prall wie Kanonenkugeln, und als er sie alle fein säuberlich zusammengestapelt hatte, ging er wieder weiter. Endlich kam er zu einer schmucken Arena, da stand ein alter Mann und guckte ihn an. Weil der aber eine so große Trillerpfeife und Stoppuhr hatte, wurde dem Jungen mulmig zumute, und er wollte davonlaufen. Der alte Mann aber rief ihm nach: „Was fürchtest du dich, Kleiner? Bleib bei mir. Wenn du alle Einheiten auf dem Trainingsplatz ordentlich absolvieren willst, so soll es dir gutgehen und ich lasse dich an den Wochenenden spielen. Du musst nur achtgeben, dass du stets vollen Einsatz bringst, den Ball flach hältst und dich in den Dienst der Mannschaft stellst. Dann sind die Fans zufrieden und feiern, bis Konfetti fliegt, dann schneit es auf der Welt. Ich bin der Trainer, für dich Herr Trainer."

Weil der Alte ihn so motivierte, fasste sich der Junge ein Herz, willigte ein und unterschrieb seinen ersten Profivertrag. Er spielte und trainierte nach Herrn Trainers Zufriedenheit und brachte die Südkurve derart in Verzückung, dass das Konfetti wie Schneeflocken umherflog. Dafür hatte er auch ein gutes Leben, es gab kein böses Wort, weder in der Kabine noch gegenüber der Presse, und jeden Tag eine ausgewogene Ernährung. Nun war er schon einige Spielzeiten beim Trainer, da wurde der Junge traurig und wusste anfangs selbst nicht, was ihn quälte; schließlich merkte er, dass es Heimweh war, und auch wenn es ihm hier viele tausend Male besser ging als zu Hause, so zog es ihn doch immer stärker dorthin. Schließlich sagte er zum Trainer: „Ich habe Sehnsucht nach zu Hause gekriegt, und wenn es mir auch noch so gut hier unten gefällt, kann ich doch nicht länger bleiben. Ich muss wieder hinauf, zu meiner Familie."

Der Herr Trainer sagte: „Es gefällt mir, dass es dich wieder nach Hause zieht, und weil du mir und dem Verein so die Treue gehalten hast, will ich dich selbst wieder hinaufbringen." Er nahm ihn bei der Hand und führte ihn zum Tor vor der Südkurve. Sowie sich der Junge in das Tor gestellt hatte, fiel ein gewaltiger Goldregen nieder, und alles Gold blieb an ihm und seinem roten Trikot hängen, sodass er über und über davon bedeckt war. „Das sollst du haben, weil du stets vollen Einsatz gebracht hast", sprach der Trainer und gab ihm auch die Mistgabel wieder, die ihm in den Brunnen gefallen war. Darauf war das Tor plötzlich verschwunden, und der Junge fand sich oben, in der normalen Welt wieder, nicht weit von der Wohnung seiner Mutter entfernt. Als er in den Hinterhof kam, saß dort eine Taube in der Dachrinne und rief:

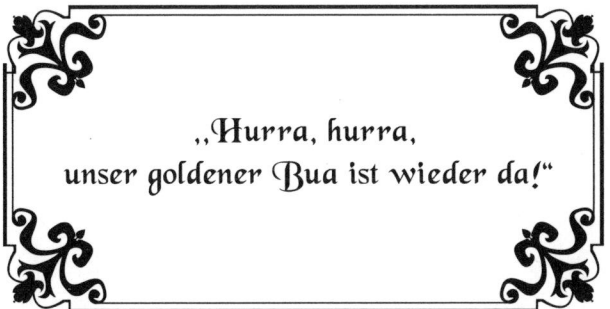

„Hurra, hurra,
unser goldener Bua ist wieder da!"

Da ging er hinein zu seiner Mutter, und weil er so mit Gold bedeckt ankam, wurde er von ihr und seinem Bruder freundlich empfangen und wieder aufgenommen. Der Junge erzählte alles, was er erlebt hatte, und als die Mutter hörte, wie er zu dem großen Vermögen gekommen war, wollte sie nun dem anderen, hässlichen, faulen und talentfreien Sohn gerne zu demselben Reichtum verhelfen. Er musste auf den Bauernhof gehen und arbeiten, und damit seine Mistgabel blutig wurde, ritzte er sich an einer Sense und schlug sich die Hand wund an der Kuhstallwand. Dann warf er die Gabel in den Brunnen und sprang selbst hinein. Er kam, wie zuvor sein Bruder, auf die schöne Wiese und ging denselben Pfad weiter. Als er zum Fußballplatz kam, schrie der Rasen wieder:

„Ach, mäh mich ab,
mäh mich wieder kurz,
sonst kann niemand mehr auf mir
Fußball spielen,
ich bin schon viel zu hoch!"

Der Faule aber antwortete: „Naa, i hob koa Lust, mich schmutzig zu machen", und ging fort. Bald kam er zu den platten Fußbällen, die riefen:

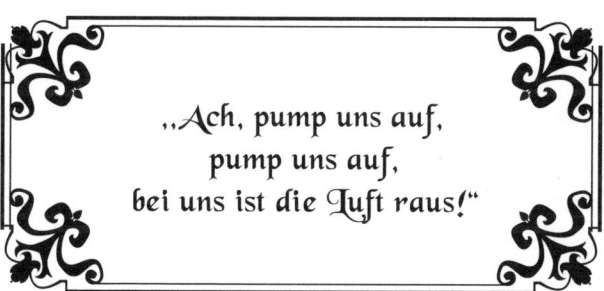

„Ach, pump uns auf,
pump uns auf,
bei uns ist die Luft raus!"

Er aber antwortete: „Ah, Schmarrn, es könnt' einer platzen und mir um die Ohren fliegen", und ging damit weiter. Als er schließlich vor die Arena des Trainers kam, fürchtete er sich nicht, weil er ja von dessen großer Pfeife und Stoppuhr schon gehört hatte, und unterschrieb sogleich einen Vertrag. Zu Beginn der Saison zwang er sich zur Disziplin, zeigte Laufbereitschaft und folgte den Anweisungen des Herrn Trainer, denn er dachte an das viele Geld, das dieser ihm schenken würde; aber bereits gegen Ende der Hinrunde begann er mit den ersten Starallüren und kam unpünktlich zum Training. In der Rückrunde wurden es mehr, teilweise ließ er das Training ganz sausen, klagte über Probleme im Adduktorenbereich, und Autogrammstunden oder anderen Fantreffen blieb er grundsätzlich fern. Auf dem Platz vermied er die langen Wege, er kämpfte nicht, er grätschte nicht und begeisterte somit auch nicht die Fans, bis dass das Konfetti aufflog.

Der Trainer war dies bald leid und löste den Vertrag auf. Der Faule war damit einverstanden und glaubte, nun würde der Goldregen kommen. Der Trainer führte ihn ebenfalls zum Tor vor der Südkurve, doch als er dann darin stand, ward statt des Goldes ein großer Kessel voll tiefschwarzem Pech ausgeschüttet. „Das ist zur Belohnung für deine Dienste", sagte der Trainer und schloss die Arena hinter sich zu. Da kam der Faule nach Hause, aber er und sein gelbes Lieblings-T-Shirt waren überall mit schwarzem Pech bedeckt, und die Taube in der Dachrinne rief, als sie ihn sah:

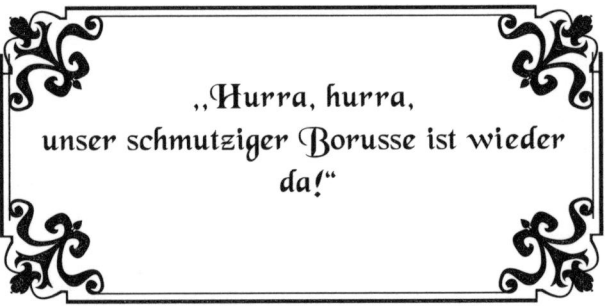

„Hurra, hurra,
unser schmutziger Borusse ist wieder da!"

Das Pech aber blieb fest an ihm hängen und wollte sein Leben lang nicht wieder abgehen.

Rotkäppchen

Es war einmal ein pfiffiger kleiner Junge, den konnte man einfach nur gernhaben, so freundlich und fröhlich war er und außerdem noch begnadet im Umgang mit dem runden Leder. Am allerliebsten aber hatte ihn seine Oma. Sie hatte ihn so lieb, dass sie schon gar nicht mehr wusste, was sie ihrem kleinen Sonnenschein noch alles schenken sollte. Einmal schenkte sie ihm ein rotes Bayern-Käppi, und weil ihm das so gut stand und er auch nichts anderes mehr tragen wollte, hieß er von da an nur noch Rotkäppchen. Eines Tages sprach seine Mutter zu ihm: „Komm, Rotkäppchen, da hast du etwas Geld für 'ne Weißwurst, Brezeln und ein Weizen, bring das der Oma nach Hause; sie ist krank und schwach und wird sich darüber bestimmt sehr freuen. Mach voran, bevor es draußen zu heiß wird. Geh vernünftig, wenn du unterwegs bist. Und spiel nicht wieder mit allen möglichen Sachen, die herumliegen, Fußball, sonst fällst du noch und die Flasche geht kaputt und die Oma hat nichts mehr davon. Wenn du zu ihr in die Wohnung kommst, dann vergiss nicht, Grüß Gott zu sagen. Und guck dich nicht überall so neugierig um." – „Keine Panik, ich mach das schon", sagte Rotkäppchen zur Mutter und gab ihr alle Fünfe drauf. Die Oma aber wohnte draußen im finsteren Wald, nahe dem Stadtteil Giesing. Wie nun Rotkäppchen in den Wald kam, begegnete ihm der Löwe. Rotkäppchen aber wusste nicht, was für ein böser Sechzger dieses Tier war, und fürchtete sich nicht vor ihm. „Grüß Gott, Rotkäppchen", sprach der Löwe. „Schönen Dank, Löwe." – „Wo soll's denn hingehen, so früh am Tag, Rotkäppchen?" – „Zur Oma." – „Was hast du denn da unter deiner Jacke?" – „Bier und Würstel. Gestern war der Erste, da gab's Geld, und nun soll ich der kranken und schwachen Oma etwas Gutes tun, damit sie wieder zu Kräften kommt." – „Rotkäppchen, wo wohnt denn deine Oma?" – „Noch eine gute Viertelstunde weiter im Wald, Richtung Giesing", sagte Rotkäppchen.

Der Löwe dachte bei sich: Der Kleine ist ein fetter Bissen, der wird noch besser schmecken als die Alte; ich muss es nur gut genug planen, dann kann ich mir beide schnappen. – Also ging er eine Weile neben Rotkäppchen her, dann sprach er: „Rotkäppchen, schau mal die schönen Blumen, die hier überall wachsen. Warum siehst du dich nicht mal ein bisschen um? Ich glaube, du hörst gar nicht, wie lieblich die Vögelchen singen. Du rast ja hier durch, als wärst du auf der Flucht, dabei ist es so herrlich hier draußen im Wald."

Rotkäppchen schaute auf, und als er sah, wie die Sonnenstrahlen durch die Bäume hin und her tanzten und alles voll war mit schönen Blumen, dachte er: Wenn ich der Oma einen frischen Strauß Blumen mitbringe, wird sie sich auch sehr freuen; es ist noch früh am Tag, ich werd' schon noch pünktlich ankommen. – Also lief er vom Wege ab in den Wald hinein und fing an, Blumen zu pflücken. Und wenn er gerade eine abgebrochen hatte, glaubte er, ein Stückchen weiter stände eine noch schönere, und lief dorthin, und so geriet er immer tiefer in den Wald hinein. Der Löwe aber ging unterdessen geradewegs zum Haus der Oma und klopfte an die Tür. „Wer ist da draußen?" – „Ich bin's, Rotkäppchen. Ich bringe dir Weißwurst und Bier, mach auf." – „Komm nur rein, die Tür ist offen", rief die Oma, „ich fühl mich nicht so gut und kann grad nicht aufstehen." Der Löwe drückte auf die Klinke, die Tür öffnete sich und er ging, ohne zu zögern und ein Wort zu sprechen, direkt zum Bett der alten Frau und verschluckte sie mit Haut und Haar. Dann zog er ihren Bademantel an, setzte ihre Mütze auf, legte sich auf ihre Couch und zog die Vorhänge zu.

Rotkäppchen hatte derweil vor lauter Blumen die Zeit ganz vergessen, und als er so viele zusammenhatte, dass er sie kaum noch tragen konnte, da fiel ihm die Oma wieder ein, und er machte sich schleunigst auf den Weg. Er wunderte sich, dass die Tür aufstand, als er ankam. Wie er in die Wohnung trat, beschlich ihn ein so ungutes Gefühl, dass er dachte: Ach du Schande, wieso ist mir nur so mulmig zumute, ich bin doch sonst immer so gerne bei der Oma?

Er rief: „Grüß Gott", bekam aber keine Antwort. Daraufhin ging er rüber zur Couch und zog die Vorhänge zurück. Da lag die Oma, hatte ihre Mütze tief ins Gesicht gezogen und sah sehr merkwürdig aus. „Aber Oma, was hast du für große Ohren?" – „Damit ich den Surround-Sound meiner Anlage besser hören kann." – „Aber Oma, was hast du für große Augen?" – „Damit ich die Ergebnisse im Live-Ticker besser sehen kann." – „Aber Oma, was hast du für große Hände?" – „Damit ich im Stadion lauter klatschen kann." – „Aber Oma, was hast du nur für ein entsetzlich blau-weißes Trikot unter deinem Bademantel an?" – „Weil ich ein Sechzger bin!" Mit diesen Worten sprang der Löwe von der Couch und verschlang das arme Rotkäppchen.

Nachdem er seinen Kohldampf gestillt hatte, legte er sich wieder auf die Couch, schlief ein und fing an, so laut zu schnarchen, dass die Wände wackelten. Just in diesem Moment ging der Jäger an dem Haus vorbei und dachte: Du meine Güte, was schnarcht denn die Alte so laut? Ich werd' mal besser nachsehen, ob ihr was fehlt. – So ging er in die Wohnung, und wie er an die Couch kam, sah er, dass der Löwe darauf lag. „Finde ich dich also hier, du alter Schurke", sagte der Jäger, „ich habe lange nach dir gesucht." Er wollte gerade sein Jagdgewehr anlegen, als ihm einfiel, dass der Löwe vielleicht die Oma gefressen haben könnte und sie vielleicht noch zu retten wäre. Also schoss er nicht, sondern nahm stattdessen sein Survival-Messer und fing an, dem schlafenden Löwen den Bauch aufzuschneiden. Wie er ein Stückchen geschnitten hatte, sah er auf einmal das rote Käppi leuchten, und noch ein paar Schnitte, da sprang der Junge heraus und rief: „Kruzitürken, hab ich Schiss gehabt und war das vielleicht düster in dem Viech!" Und dann kam auch die Oma noch lebendig heraus und war ziemlich außer Puste. Rotkäppchen aber holte geschwind die Bowlingkugeln der Oma herbei, damit füllten sie dem Löwen den Bauch. Wie dieser aufwachte und sich aus dem Staub machen wollte, waren die Kugeln so schwer, dass er das Gleichgewicht verlor, taumelte und über die Balkonbrüstung in die Tiefe und in den Tod stürzte.

Da freuten sich die drei; der Jäger zog dem Löwen dessen blau-weißes Trikot aus und verbrannte es vor der Arena, dann ging er zufrieden nach Hause. Die Oma aß Brezeln und Weißwurst, trank das Weizen, das Rotkäppchen gebracht hatte, und kam schon bald wieder zu Kräften. Rotkäppchen wiederum nahm sich vor, nie wieder einem Sechzger zu trauen, fortan immer auf dem rechten Wege zu bleiben und auf seine Mutter zu hören.

Bisweilen wird auch erzählt, dass einmal, als Rotkäppchen der alten Oma wieder mal was Deftiges brachte, ein anderer Löwe ihn auf der Straße anquatschte und versuchte, ihn vom rechten Wege abzubringen. Doch so sehr der Löwe ihm auch von herrlichen Blumen oder schmackhaften Früchten erzählte, Rotkäppchen war auf der Hut und ging unbeirrt seinen Weg weiter. Später berichtete er der Oma von dem Treffen mit dem Löwen, der ihn komisch von der Seite zugelabert und angeglotzt habe. „Wenn es nicht auf offener Straße und mitten am Tag gewesen wäre, hätte er mich, glaube ich, gefressen." – „Komm", sagte die Oma, „wir wollen die Tür schließen, sodass er hier nicht rein kann." Schon kurze Zeit später klopfte der Löwe an und rief: „Oma, mach auf, ich bin's, Rotkäppchen! Ich bring dir 'ne Haxe vorbei." Die zwei aber verhielten sich mucksmäuschenstill und öffneten nicht; da schlich der Sechzger etliche Male um das Haus, sprang schließlich aufs Dach und wollte warten, bis Rotkäppchen abends nach Hause ginge – dann wollte er ihm nachschleichen und ihn in der Dunkelheit fressen.

Aber die Oma dachte sich schon so etwas. Nun war draußen, vor dem Haus, ein großer Swimmingpool mit Terrasse. Da sprach die alte Frau zu dem Kind: „Geh, Rotkäppchen, und schmeiß den Grill an, der auf der Terrasse steht." Der Junge tat, was ihm seine Oma gesagt hatte, und als sie gute Glut hatten, legten sie ordentlich Steaks und Würstchen auf. Schon bald stieg der feine Grillgeruch dem Löwen in die Nase. Er schnupperte und guckte gierig hinab, von wo denn dieser herrliche Duft nur kommen würde, schließlich machte er einen so langen Hals, dass er sich nicht mehr halten konnte und anfing zu rutschen; so rutschte er schließlich vom Dach herab, geradewegs in den

Pool hinein, wo er jämmerlich ertrank, da er es nie für nötig gehalten hatte, sein Seepferdchen zu machen. Rotkäppchen aber ging fröhlich nach Haus und niemand belästigte ihn mehr.

Das tapfere Bazilein

An einem heißen Nachmittag im Sommer saß ein kleiner Bazi zu Hause an seinem Schreibtisch, war gut drauf und machte brav seine Schularbeiten. Als er eine kurze Pause einlegte, las er in der Zeitungsbeilage die aktuelle Supermarktwerbung. „Nutella im Sonderangebot" – das sah doch gut aus. Geschwind stieg er die Treppe hinab und lief zum Discounter an der Ecke. „Nimm 3, zahl 2", las er auf dem Plakat über der Palette mit Nuss-Nugat-Creme. Also griff er sich drei Gläser und ging damit zur Kasse.

Die Verkäuferin machte einen ziemlich genervten Eindruck und war äußerst unfreundlich, kassierte aber wortkarg, was er aufs Band legte. „Jo mei", rief der Bazi, als er wieder zu Hause war, „groß und stark will ich hiervon werden!" Dann holte er das Brot aus dem Schrank, schnitt sich eine ordentliche Scheibe ab und bestrich diese daumendick mit der leckeren Creme. „Das wird nicht bitter schmecken", sprach er, „aber erst will ich Mathe noch schnell fertigmachen, ehe ich reinbeiße." Er legte das Brot neben sich, rechnete weiter und ließ vor lauter Vorfreude die eine oder andere Aufgabe aus. Indes stieg der Geruch der süßen Creme hinauf, bis auf den Balkon, wo die Wespen in großer Menge saßen, sodass sie angelockt wurden und sich scharenweise auf dem Brot niederließen.

„Kruzitürken, wer hat euch eingeladen?", sprach der Bazi und jagte die ungebetenen Gäste fort. Die Wespen aber verstanden kein Hochdeutsch und ließen sich nicht abweisen, sondern kamen in immer größerer Anzahl zurück. Schließlich hatte das Bazilein die Faxen dicke. Er schnappte sich sein Handtuch aus der Sporttasche, und unter lautem „Na wartet, jetzt setzt es was!" schlug er erbarmungslos zu. Als er unter das Tuch guckte und zählte, lagen da nicht weniger als sieben von der schwarz-gelben Brut tot vor ihm und streckten die Beine in die Luft. „Wow, hast du's echt so dermaßen drauf?", sprach er und war selbst von seiner Schnelligkeit überrascht. „Das soll die ganze Stadt erfahren!"

In aller Eile zog er sein Bayern-Trikot an und stickte in schwarz-gelben Buchstaben „Sieben auf einen Streich!" auf seine Stutzen. – „Ach was, die ganze Stadt", sprach er weiter, „die ganze Welt soll's erfahren!", und sein Herz schlug ihm vor Freude bis an den Hals. Der Bazi zog die Stutzen über seine Schienbeinschoner und wollte raus auf die Fußballplätze dieser Welt, weil er der Meinung war, dass sein Zimmer bei Mama und Papa nun wirklich zu klein sei für seine enorme Schnelligkeit.

Doch bevor er loszog, suchte er noch im ganzen Haus nach etwas Essbarem, was er als Proviant mitnehmen könnte, fand aber nur noch eine alte Semmel, die steckte er ein. Vor der Haustür bemerkte er einen Vogel, der sich in der Schlinge eines Müllsacks für Plastikabfälle verfangen hatte. Er befreite den kleinen Flieger und steckte ihn zu dem Stück Brot. Dann brach er voller Optimismus auf, und da er gut durchtrainiert war, wurde er so schnell auch nicht müde.

Der Weg führte ihn auf einen Berg, den Betze, auf dessen Gipfel ein Fußballplatz lag. Als er dort ankam, saß da ein Riese von Torwart in einem teuflisch roten Dress und guckte etwas gelangweilt in die Gegend. Das Bazilein ging beherzt auf ihn zu und sprach ihn ohne Umschweife an: „Grüß Gott.

Wie steht's? Träumst du von der großen Welt des Fußballs? Die wirst du hier auf dem Betze nicht finden. Ich bin auf dem Weg in die Stadien dieser Welt und will mich dort versuchen. Hast du Bock mitzukommen?" Der Titan sah den Bazi verächtlich an und sprach: „Was bist du denn für einer? Du Schaumschläger!" – „Von wegen!", antwortete das Bazilein, zog die Beine seiner Trainingshose hoch und zeigte dem Torwartriesen seine Stutzen. „Da kannst du lesen, was für ein Spieler ich bin." Der Titan las: „Sieben auf einen Streich!", glaubte, das seien Spieler der Borussia gewesen, die der Bazi alleine ausgetanzt habe, und kriegte ein wenig Respekt vor dem kleinen Kerl. Doch wollte er erst einmal prüfen, was dieser wirklich draufhatte, nahm einen Fußball zwischen seine Hände und drückte ihn zusammen, bis die Luft aus dem Ball entwich. „Das mach mir erst mal nach", sprach der Torhüter, „wenn du was in den Mauen hast." – „Wenn's weiter nichts ist? Das ist doch Kinderkram", sagte das Bazilein, griff in die Tasche, holte die alte Semmel hervor, welche mittlerweile wie ein Stein aussah, und drückte sie mit einer Hand so weit zusammen und so viel Luft heraus, bis sie schließlich nur noch die Größe eines Kieselsteins hatte. „Na, was is'? Das war ein bisschen was besser, oder?"

Der Titan wusste nicht, was er sagen sollte, und konnte es von dem Pimpf nicht glauben. Da schnappte er sich einen weiteren Fußball und warf diesen so hoch, dass man ihn mit bloßem Auge kaum noch sehen konnte. „Nun, Kurzer, mach mir das mal nach!" – „Guter Abwurf", sagte der Bazi, „aber der Ball ist ja irgendwo da hinten wieder runtergekommen; ich will dir mal einen werfen, der nicht zurückkehrt", und er griff in seine Tasche, nahm den Vogel und warf ihn in die Luft. Der Vogel, froh über seine Freiheit, flog ganz weit hoch und kam nie wieder. „Wie gefällt dir das, Kumpel?", fragte der Bazi. „Okay, werfen kannst du", erwiderte der Titan, „aber nun wollen wir mal sehen, ob du auch was Ordentliches tragen kannst."

Er führte das Bazilein zu einem Fußballtor, das etwas abseits neben dem Trainingsplatz stand, und sagte: „Wenn du stark genug bist, dann hilf mir, das Tor bis ans andere Ende des Spielfeldes zu tragen." – „Gerne", antwortete der kleine Bazi, „nimm du den einen Pfosten und geh voran, ich will den anderen nehmen und dir folgen." Der Torwart-Riese nahm den ersten Pfosten auf die Schulter, der Bazi aber setzte sich auf die Querlatte, und der Titan, der sich nicht umsehen konnte, musste das ganze Tor und das Bazilein obendrein fortschleppen. Der Bazi war da hinten gut drauf und fing an, das Liedchen „Stern des Südens" zu pfeifen, als wäre das Tore-Tragen ein Kinderspiel. Nachdem sich der Titan mit der schweren Last ein Stück weit abgemüht hatte, konnte er irgendwann nicht mehr weiter und rief: „Pass auf, ich muss das Tor fallen lassen!" Der Bazi sprang geschickt ab, fasste das Tor mit beiden Armen, als wenn er es die ganze Zeit über mitgeschleppt hätte, und sprach zum Titan: „Du bist so ein großer Kerl und kannst noch nicht mal das Tor hier tragen."

Sie gingen zusammen weiter, und als sie an einem Kopfballpendel vorbeikamen, fasste der Titan sich den dort aufgehängten Fußball, zog ihn so weit herunter, dass der ganze Mast sich bog, und drückte ihn dem Bazi in die Hand; er solle ihm mal ein paar Tricks zeigen. Das Bazilein aber war viel zu schwach, um den Ball halten zu können, und als der Riese losließ, schnellte der Ball an der Leine in die Höhe und riss den Bazi mit in die Luft. Als er wieder ohne Schaden am Boden war, sprach der Titan: „Was ist? Hast du noch nicht mal die Kraft, um so ein Bällchen festzuhalten?" – „An der Power fehlt es nicht", antwortete das Bazilein. „Meinst du, das wäre was für einen, der sieben auf einen Streich fertiggemacht hat? Ich bin so hoch gesprungen, um dir mal zu zeigen, was Strafraumbeherrschung heißt. Spring doch mal genauso hoch, wenn du kannst." Der Titan unternahm einen Versuch, kam aber nicht ansatzweise so weit, sodass das Bazilein auch hier die Oberhand behielt.

Der Titan sprach nun: „Wenn du so ein toller Spieler bist, komm mit in unser Mannschaftshotel und übernachte bei uns." Das Bazilein war einverstanden und folgte ihm. Als sie im Hotel ankamen, saßen da bereits andere Spieler an der Bar, jeder mit einem großen Bier vor sich. Der Bazi sah sich um und dachte: Es ist hier doch um vieles nobler als bei mir zu Hause. – Der Titan wies ihm ein Zimmer zu und sagte, er solle es sich bequem machen und richtig ausschlafen. Dem Bazi aber war das riesige Himmelbett viel zu groß, und so nahm er sich eine Decke aus dem Schrank und legte sich damit auf die Couch. Als es Mitternacht wurde und der Titan der Meinung war, das Bazilein würde nun tief und fest schlafen, stand er auf, nahm einen Baseballschläger, schlug damit das Himmelbett kurz und klein und war sich sicher, er habe den Penner damit erledigt. Am frühen Morgen zogen er und die restlichen Spieler los zu einem Waldlauf und hatten den Bazi schon ganz vergessen, als er ihnen auf einmal lustig und vergnügt entgegengejoggt kam.

Der Titan und seine Kollegen erschraken, fürchteten, er schlüge sie nun alle zusammen in die Sportinvalidität, und rannten in Panik davon.

Der Bazi zog weiter. Nachdem er eine Weile gewandert war, kam er schließlich zur DFB-Zentrale. Weil er hundemüde war, legte er sich ins Gras und schlief kurz darauf ein. Während er so dalag, kamen morgens die ersten Angestellten zur Arbeit, betrachteten ihn von allen Seiten und lasen auf seinen Stutzen „Sieben auf einen Streich!". „Altobelli", sprachen sie, „wieso nur ist so ein Spitzenkönner wie der noch kein Nationalspieler? Das muss unser Glückstag sein." Sie gingen los, meldeten ihre Entdeckung dem Bundestrainer und meinten, wenn in Kürze die Weltmeisterschaft anstünde, sei das ein wichtiger und nützlicher Spieler, den man um jeden Preis mitnehmen sollte.

Dem Bundestrainer gefiel der Tipp, und er schickte umgehend seinen Teammanager los, um dem Bazi die Nominierung für ein Länderspiel zu überbringen, sobald er aufgewacht sei. Der Manager blieb bei dem Schläfer stehen, wartete, bis der sich kräftig strecken musste und die Augen aufschlug, und legte ihm dann die Einladung zum Länderspiel vor. „Genau deshalb bin ich hier", antwortete der Bazi. „Es wird mir eine Ehre sein, den Adler auf der Brust zu tragen." Also wurde er standesgemäß empfangen und in einem First-Class-Hotel untergebracht.

Die anderen Nationalspieler aber waren neidisch auf den Frischling, der sich bislang noch nirgendwo bewährt hatte. „Was sollen wir jetzt machen?", sprachen sie untereinander. „Wenn es hart auf hart kommt und der macht sieben von uns auf einen Streich im Zweikampf frisch, dann können sich einige ihren Platz im WM-Aufgebot abschminken." Also fassten sie einen Entschluss, begaben sich allesamt zum Bundestrainer und teilten ihm ihren Rücktritt aus der Nationalmannschaft mit. „Wir sind nicht dazu gemacht, neben einem Mann zu bestehen, der sieben auf einen Streich fertigmacht." Der Bundestrainer war geschockt, dass er wegen eines genialen Spielers nun sein ganzes Team verlieren sollte. Er wünschte, dass er ihn nie getroffen hätte, und wäre ihn nur allzu gerne wieder losgeworden. Aber er traute sich nicht, ihm den Laufpass zu geben, weil er befürchtete, der Bazi könnte dann für das Geburtsland seiner Mutter auflaufen und ihm den schon sicher geglaubten Weltmeisterschaftspokal entreißen.

Der Coach grübelte und überlegte hin und her, bis er schließlich eine Idee hatte. Er ließ dem Bazilein eine Nachricht zukommen und machte ihm ein Angebot. Außerhalb der Stadt hausten zwei riesige Hooligans, die in den Stadien der Liga schon seit geraumer Zeit Verwüstungen anrichteten, andere Fans verprügelten und mit bengalischen Feuern herumspielten. Niemand konnte es mit den beiden aufnehmen, ohne sein Leben in Gefahr zu bringen. Wenn der Bazi mit den beiden Hooligans fertig würde, so wollte der Trainer ihm die Kapitänsbinde überreichen und ihn obendrein noch mit der Tochter des Mannschaftsarztes verkuppeln. Um seine Aufgabe zu schaffen, könne sich der Bazi elf Spitzenkräfte zur Verstärkung mitnehmen. – Mannomann, das wäre schon was, dachte sich das Bazilein. Kapitän der Nationalmannschaft und dazu noch ein Date mit der schönen Tochter des Arztes, einem Modell und Society-Girl. Das bekommt man nicht alle Tage angeboten. „Ist okay", gab er zur Antwort, „die Hooligans werd' ich schon erledigen, aber die elf Mann Verstärkung habe ich dazu eigentlich nicht nötig – wer mit sieben auf einen Streich fertig wird, der braucht sich auch vor zweien nicht zu fürchten."

Das Bazilein zog los, und die elf folgten ihm dennoch. Als sie zum Waldrand kamen, drehte er sich zu seinen Begleitern um und sagte: „Bleibt hier. Ich regle das allein." Dann verschwand er zwischen den Bäumen. Er blickte nach links, schaute nach rechts. Nach einem Weilchen entdeckte er die beiden schlafend unter einem Baum. Sie schnarchten so laut, dass die Äste zitterten. Der Bazi, nicht faul, packte ein paar Steine in seine Taschen und stieg auf den Baum. Als er ungefähr in der Mitte war, rutschte er auf einen dicken Ast, bis er genau über den Schlafenden war. Dann ließ er einen Stein nach dem anderen auf die Brust eines der beiden Hooligans fallen. Der Schläger fühlte lange nichts, doch schließlich wachte er auf, stieß seinen Kollegen an und sprach: „Ey, was schlägst du mich?!" – „Du träumst", sagte der andere, „ich schlage dich doch nicht." Sie legten sich wieder hin und schliefen weiter. Da warf das Bazilein auf den zweiten einen Stein. „Was soll das?!", rief der Getroffene. „Was bewirfst du mich?!" – „Ich bewerfe dich nicht", antwortete der Erste und brummte genervt. Sie stritten sich eine Weile, aber weil sie beide zu müde waren, fielen ihnen schon bald wieder die Augen zu.

Das Bazilein begann sein Spiel aufs Neue, suchte sich den dicksten Stein heraus und warf ihn dem ersten Hooligan mit aller Kraft auf die Brust. „Das ist zu viel!", schrie der, sprang wie ein Wahnsinniger auf und stieß seinen Kumpan gegen den Baum, dass dieser wackelte. Der andere ließ das nicht auf sich sitzen und schlug mit gleicher Kraft zurück. Sie gerieten in solche Wut, dass sie schließlich wild aufeinander einprügelten, mit Steinen, Stöcken, allem, was sie in die Finger kriegten, so lange, bis sie gleichzeitig tot zu Boden fielen. Nun sprang das Bazilein herab. „Was für ein Glück, dass sie mich nicht entdeckt haben. Die waren ja nicht ganz frisch in der Birne." Er schnitt ein paar Fransen von seinem rot-weißen Schal ab und streute sie auf die beiden Rüpel. Dann ging er hinaus zu seiner Verstärkung und berichtete: „Der Job ist erledigt, ich habe beide plattgemacht; aber es ist ganz schön zur Sache gegangen. Die zwei haben Stöcke und Steine zur Hilfe genommen, doch genützt hat es ihnen nichts. Aber das war ja zu erwarten, bei einem, der sieben auf einen Streich fertiggemacht hat." – „Hast du denn gar nichts abgekriegt?", fragten die Männer. „Nicht die Bohne. Kein Haar haben sie mir gekrümmt." Die Männer wollten ihm kein Wort glauben und liefen in den Wald, wo sie schließlich die Hooligans fanden, wie sie tot kreuz und quer übereinander und unter ein paar rot-weißen Fetzen lagen.

Das Bazilein verlangte nun vom Bundestrainer die versprochene Belohnung, doch der bereute schon sein Versprechen und suchte schnell nach einer anderen Möglichkeit, den neuen Helden wieder loszuwerden. „Bevor du Spielführer wirst und ich dir ein Date mit der Tochter des Mannschaftsarztes verschaffe", sprach er, „musst du noch eine weitere Heldentat für mich vollbringen. Im Wald läuft der Kölner Geißbock frei herum, der dort großen Schaden anrichtet. Den musst du erst wieder einfangen." – „Vor einem Ziegenbock fürchte ich mich noch weniger als vor zwei Hooligans; sieben auf einen Streich, das ist mein Ding." Der Bazi schnappte sich ein Seil und eine Axt und zog erneut in den Wald. Seine Verstärkung ließ er abermals davor zurück. Er brauchte nicht allzu lange zu suchen, denn der Geißbock kam schon bald daher und stürmte direkt auf den Bazi zu, als wolle er ihn aufspießen. „Sachte, sachte", sprach der Bazi, „bleib cool!" Er verharrte und wartete, bis das Tier ganz nahe war, dann sprang er in letzter Sekunde geschickt hinter einen Baum, und der Geißbock krachte mit voller Wucht gegen den Stamm, wo er mit seinen Hörnern im Holz stecken blieb. Er hatte nicht die Kraft, um sich selbst wieder zu befreien, und so ward er gefangen. „Hab ich dich, du Mistbock", sagte der Bazi, legte ihm den Strick um den Hals, dann hackte er mit der Axt die Hörner aus dem Baum, und als alles in Ordnung war, führte er das Tier ab und brachte es dem Bundestrainer.

Doch der wollte den versprochenen Lohn immer noch nicht freigeben und stellte eine dritte Forderung auf. Der Bazi sollte ihm vor dem Date noch den Sechzger-Löwen einfangen, der ebenfalls im Wald sein Unwesen trieb, und wieder sollten ihn die elf Elitekicker unterstützen. „Ist mir ein Vergnügen", sprach der Bazi, „das ist ein Klacks", und er nahm die Unterstützung erneut nicht in Anspruch. Als der Löwe den Bazi erblickte, lief er mit schäumendem Maul und wetzenden Zähnen auf ihn zu und wollte ihn zu Boden werfen; der flüchtende Held aber sprang in eine kleine Kapelle, ganz in der Nähe, und mit einem weiteren Satz wieder oben aus dem Fenster heraus. Der Löwe war hinter ihm hergelaufen, er aber rannte außen herum und schlug die Tür zu; da war das wütende Tier gefangen, konnte es doch nicht durch das hoch gelegene Fenster entkommen. Das Bazilein rief die Männer herbei, damit sie den Gefangenen mit eigenen Augen sehen konnten. Der Held selbst aber begab sich zum Bundestrainer, der nun, ob er wollte oder nicht, sein Versprechen einhalten und ihm die Kapitänsbinde verleihen sowie eine Verabredung mit der Arzttochter arrangieren musste. Hätte er gewusst, dass vor ihm ein ganz normaler Teenager stand, weder Schwabe noch ein Jahrhunderttalent von Ausnahmespieler, es wäre ihm noch mehr zu Herzen gegangen. Und so kamen sich ein kleiner, listiger Bazi und eine große, junge Laufstegschönheit bei einem romantischen Abendessen näher, und die Nationalmannschaft bekam einen neuen Kapitän.

Nach einiger Zeit aber, die beiden waren mittlerweile verheiratet, hörte die junge Spielerfrau in der Nacht, wie ihr Ehemann im Schlaf sprach:

„FC Bayern, Stern des Südens,
Du wirst niemals untergehn,
Weil wir in guten wie in schlechten
Zeiten zueinander stehn.
FC Bayern, Deutscher Meister,
Ja, so heißt er, mein Verein,
Ja, so war es und so ist es und so wird
es immer sein!"

Da merkte sie, welche Wurzeln ihr Gatte in Wirklichkeit hatte, und klagte daraufhin am nächsten Morgen ihrem Vater ihr Leid. Aus unerfindlichen Gründen und trotz der Verbindungen ihres Vaters zum Klub hasste sie den FC Bayern nämlich, und so bat sie inständig darum, man möge sie von dem Mann befreien, der ihr mit einem Mal nicht mehr gut genug war. Auch der Bundestrainer sprach ihr Trost zu, und weil man dieser Schönheit einfach keinen Wunsch abschlagen konnte, egal wie irrational er auch war, sagte er zu ihr: „Lass in der nächsten Nacht die Tür zu deiner Wohnung und deinem Schlafzimmer auf; sobald dein Mann eingeschlafen ist, werden meine elf Jungs ihn sich schnappen, fesseln und weit weg, zurück in die bayerische Provinz bringen, aus der er kommt." Die Frau gab sich damit zufrieden, aber der Co-Trainer, der alles mit angehört hatte, war ein Freund des Bazis und erzählte ihm von dem geplanten Anschlag. „Na, das werd' ich zu verhindern wissen", sagte das Bazilein. Abends legte er sich zu gewöhnlicher Zeit mit seiner Frau zu Bett; als das Model glaubte, er sei eingeschlafen, stand sie auf, öffnete sowohl die Wohnungs- als auch die Schlafzimmertür und legte sich wieder hin. Da fing das Bazilein, das sich nur schlafend gestellt hatte, mit lauter Stimme zu singen an:

„FC Bayern, Stern des Südens,
Du wirst niemals untergehn,
Weil wir in guten wie in schlechten
Zeiten zueinander stehn.
FC Bayern, Deutscher Meister,
Ja, so heißt er, mein Verein,
Ja, so war es und so ist es und so wird
es immer sein!
Ich hab sieben auf einen Streich
fertiggemacht,
zwei Hooligans schlafen gelegt,
einen wilden Ziegenbock gebändigt,
einen gefährlichen Löwen eingefangen
und soll mich vor den Gestalten fürchten,
die da draußen vor meiner Bude
stehen!?

Als die Männer den Bazi so reden hörten, bekamen sie es mit der Angst zu tun; sie liefen so schnell davon, als wäre der Teufel hinter ihnen her. An den Bawzi aber traute sich fortan niemand mehr ran, und so blieb er bis zum Karriereende ein prominenter Nationalspieler und wurde anschließend eine Medienberühmtheit, mit Auftritten als TV-Experte und eigener Kolumne in der Fachpresse.

Aschenbomber

Einem reichen Mann aus München, dem wurde seine Frau krank, und als sie fühlte, dass ihr Ende nahte, rief sie ihren einzigen Sohn zu sich ans Bett und sprach:

„Liebes Kind.
FC Bayern, Stern des Südens,
Du wirst niemals untergehn,
Weil wir in guten wie in schlechten
Zeiten zueinander stehn.
FC Bayern, Deutscher Meister,
Ja, so heißt er, mein Verein,
Ja, so war es und so ist es und so wird
es immer sein!
Vergiss das nie!"

Darauf schloss sie ihre Augen und starb. Der Junge ging jeden Tag auf den Friedhof, an das Grab der Mutter, und weinte und blieb in seinem Herzen für immer ein Roter. Nachdem eine Fußballsaison gespielt war, nahm sich der Mann eine andere Frau.

Die Frau brachte zwei Söhne mit ins Haus, die zwar prima mit dem Ball umgehen konnten, aber schwarz-gelb im Herzen waren. Da brach eine schlimme Zeit für den armen Jungen an, den sein Vater, in Anlehnung an den legendären Gerd Müller, stets Bomber nannte. „Soll der Penner mit uns zusammen Fußball spielen und mit uns an einem Tisch sitzen?", sprachen sie. „Wer Pommes essen will, muss sie sich verdienen. Weg mit dem Zeugwart!" Sie nahmen ihm sein schönes rotes Trikot weg, zogen ihm einen ollen, grauen Jogginganzug an und gaben ihm ein paar ausgelatschte Gummi-Crocs. „Seht mal, der stolze Kicker, wie fein er herausgeputzt ist!", riefen sie, lachten und brachten ihn in die Küche. Dort musste er nun von morgens bis abends schwere Arbeit verrichten, früh vor der Schule aufstehen, die Spülmaschine ein- und ausräumen, den Kaminofen sauber- und anmachen, das Essen in der Mikrowelle aufwärmen und die Wäsche in Waschmaschine und Trockner packen. Obendrein heckten die Brüder alle möglichen Gemeinheiten gegen ihn aus, verspotteten ihn und schütteten seine M&M's in die Töpfe mit Hydrokulturen, sodass er sie mühsam wieder heraussuchen musste. Abends, wenn er sich müde gearbeitet hatte, kam er in kein Bett, sondern musste sich mit einem Schlafsack vor den Kaminofen legen. Und weil er aus diesem Grund immer staubig und schmutzig aussah, nannten sie ihn fortan Aschenbomber.

Es trug sich zu, dass der Vater einmal geschäftlich auf einer Messe zu tun hatte; da fragte er die beiden Stiefsöhne, was er ihnen mitbringen solle. „Ein Dortmund-Trikot", sagte der eine. „Und dazu noch eine Playstation Portable", rief der zweite. „Aber du, Bomber", sprach der Vater, „was möchtest du gerne haben?" – „Paps, das erste Blatt, das dir ins Cabrio fliegt; brich mir bitte von diesem Baum einen Zweig ab." Der Vater kaufte nun für die beiden Stiefsöhne neue, schwarz-gelbe Dortmund-Trikots sowie für jeden eine PSP, und auf dem Rückweg, als er mit seinem Wagen über eine Allee brauste, fiel ihm das Blatt eines Haselnussbaums in sein Cabriolet. Da fuhr er rechts ran, brach einen Zweig ab und nahm ihn mit. Als er nach Hause kam, gab er den Stiefsöhnen, was sie sich gewünscht hatten, und seinem Bomber gab er den Haselnusszweig. Der Junge dankte ihm, ging zum Grab der Mutter, pflanzte den Zweig dort ein und weinte so sehr, dass die Tränen darauf niederfielen und ihn begossen. Der Zweig aber wuchs und wurde zu einem schönen Baum. Der Bomber ging jeden Tag dreimal dorthin, weinte und sang „Stern des Südens", und allemal kam ein weißes Vögelchen auf den Baum. Wenn er einen Wunsch aussprach, so warf ihm der Vogel das herunter, was er sich gewünscht hatte.

Es begab sich aber, dass der Bundestrainer ein Probetraining abhielt, das drei Tage dauern sollte und bei dem alle Fußballspieler des Landes vorspielen durften, damit er sich einen neuen Capitano für die Nationalmannschaft aussuchen konnte. Die zwei Stiefbrüder, als sie hörten, dass auch sie ihr Können vorführen sollten, waren guter Dinge, riefen den Bomber und sprachen: „Gel uns die Haare, putz unsere Fußballschuhe und zieh uns die Stutzen hoch, wir gehen zum Probetraining des Bundestrainers nach Kaiserau." Der Bomber gehorchte, weinte aber, weil auch er gerne zum Fußball mitgegangen wäre, und bat die Stiefmutter um Erlaubnis. „Hey, Bomber", sprach sie, „du bist total verdreckt und willst zum Training? Du hast kein Trikot und keine Fußballschuhe und willst spielen?" Als er aber nicht aufhörte, sie darum zu bitten, sprach sie schließlich: „Hier, ich hab dir eine Schüssel M&M's in meine Blumenkübel mit Deko-Sand geschüttet;

wenn du die M&M's in zwei Stunden alle wieder herausgesucht hast, ohne dabei eines zu essen, so sollst du mitgehen." Der Junge ging durch die Terrassentür in den Garten und rief:

„FC Bayern, Stern des Südens,
Du wirst niemals untergehn,
Weil wir in guten wie in schlechten
Zeiten zueinander stehn.
FC Bayern, Deutscher Meister,
Ja, so heißt er, mein Verein,
Ja, so war es und so ist es und so wird
es immer sein!
Kommt, helft mir beim Suchen,
die M&M's ins Pöttchen,
den Deko-Quatsch ins Söckchen."

Da kamen zum Fenster zwei weiße Tauben herein, danach zwei Spatzen und schließlich flogen alle möglichen Vögel herbei und ließen sich um den Kübel mit buntem Sand herum nieder. Und die Tauben nickten mit den Köpfen und fingen an: Pick, pick, pick, pick, und da fingen die Übrigen auch an: Pick, pick, pick, pick, und suchten alle M&M's in die Schüssel. Nach nicht einmal einer Stunde waren sie schon fertig und machten sich wieder vom Hof. Da brachte der Junge die Schüssel zur Stiefmutter, freute sich und glaubte, er dürfe nun mit zum Probetraining gehen. Aber sie sprach: „Nein, Bomber, du hast kein Trikot und kannst überhaupt nicht spielen; du wirst nur ausgelacht." Als er nun weinte, sprach sie: „Wenn du mir zwei weitere Schüsseln mit M&M's in einer Stunde aus dem Deko-Sand raussuchen kannst, so sollst du mitgehen dürfen", und dachte: „Das kann er niemals schaffen." Als sie die zwei Schüsseln M&M's in den bunten Sand geschüttelt hatte, ging der Junge durch die Terrassentür in den Garten und rief:

„FC Bayern, Stern des Südens,
Du wirst niemals untergehn,
Weil wir in guten wie in schlechten
Zeiten zueinander stehn.
FC Bayern, Deutscher Meister,
Ja, so heißt er, mein Verein,
Ja, so war es und so ist es und
so wird es immer sein!

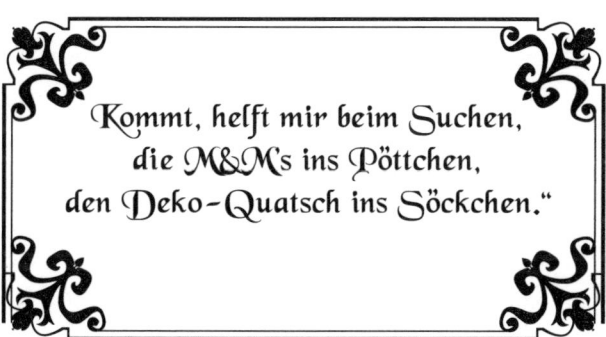

„Kommt, helft mir beim Suchen,
die M&M's ins Pöttchen,
den Deko-Quatsch ins Söckchen."

Da kamen zum Fenster zwei weiße Tauben herein, danach zwei Spatzen und schließlich flogen alle möglichen Vögel herbei und ließen sich um den Kübel mit buntem Sand herum nieder. Und die Tauben nickten mit den Köpfen und fingen an: Pick, pick, pick, pick, und da fingen die Übrigen auch an: Pick, pick, pick, pick, und suchten alle M&M's in die Schüssel. Und ehe eine halbe Stunde herum war, waren sie schon fertig und machten sich wieder vom Hof. Da trug der Junge die Schüssel zur Stiefmutter, freute sich und glaubte, nun dürfe er mit zum Probetraining gehen. Aber sie sprach: „Es hilft dir alles nichts: Du kommst nicht mit, denn du hast kein Trikot und kannst überhaupt nicht spielen; wir würden uns mit dir ja blamieren!" Darauf kehrte sie ihm den Rücken zu und eilte mit ihren zwei eingebildeten Söhnen fort.

Als nun niemand mehr daheim war, ging der kleine Bomber zum Grab seiner Mutter und rief:

> „Bäumchen, rüttle dich und schüttle dich,
> wirf Rot und Weißes über mich."

Da warf ihm der Vogel ein rot-weißes Trikot herunter, mit den passenden Fußballschuhen, samt Hose und Stutzen dazu. In aller Eile zog der Bomber die Sachen an und ging zum Auswahltraining. Seine Stiefbrüder und die Stiefmutter erkannten ihn nicht und waren der Meinung, es müsse sich bei ihm um einen auswärtigen Spieler handeln, von einem Top-Klub der Primera División, der Serie A oder der Premier League, so toll sah er in seinem Dress aus und so perfekt war seine Ballbehandlung. An den Aschenbomber dachten sie gar nicht, denn sie waren fest davon überzeugt, dass dieser zu Hause weiterhin M&M's aus Mutters Deko-Sand suchen würde. Der Bundestrainer kam schließlich auf ihn zu und ließ sich zeigen, was er am Ball so alles draufhatte. Egal ob Dribbling, Zweikampfverhalten, Ecken oder Freistöße – der Bundestrainer war begeistert und wollte sich gar keine weiteren Spieler mehr ansehen; wenn sein Co-Trainer ihm mal einen anderen zeigen wollte, sprach er, mit Blick auf den Bomber: „Das ist mein Capitano."

Der Bomber spielte, bis das Flutlicht anging, da wollte er nach Hause gehen. Der Bundestrainer aber sprach: „Ich komme mit und begleite dich", denn er wollte sehen, welchem Verein der talentierte Kicker angehörte. Dieser entwischte ihm aber und sprang in die Kabine. Nun wartete der Bundestrainer, bis der Teammanager kam, und sagte ihm, der fremde Junge sei in die Kabine gesprungen. Der Manager ließ sich daraufhin Boschhammer und Kettensäge bringen, damit er die Spielerkabine einreißen konnte, aber es war niemand mehr darin. Und als die Stiefmutter mit ihren zwei Borussen-Söhnen nach Hause kam, lag der kleine Bomber in seinen schmutzigen Sachen vor dem Ofen, und nur ein trübes LED-Nachtlämpchen brannte neben ihm – der Bazi war geschwind hinten aus dem Kabinentrakt gerannt und zum Haselnussbäumchen gelaufen, wo er das schöne Trikot ausgezogen und aufs Grab gelegt, der Vogel es wieder weggenommen und der Bomber sich daraufhin in seinen grauen Jogginganzug geschmissen und in die Küche, neben die Briketts gesetzt hatte.

Am nächsten Tag, als das Auswahltraining fortgesetzt wurde und die Eltern und Stiefbrüder

wieder fort waren, ging der Bomber erneut zum
Haselnussbaum und sprach:

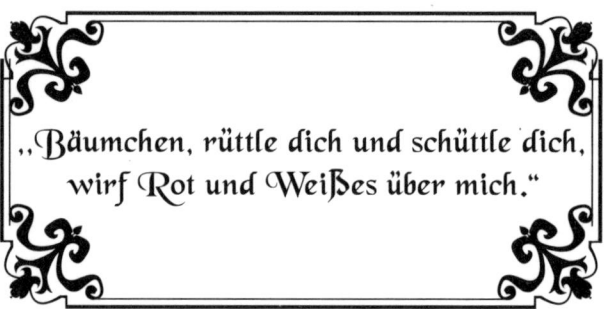

„Bäumchen, rüttle dich und schüttle dich,
wirf Rot und Weißes über mich."

Da warf der Vogel das strahlende Champions-
League-Trikot der Bayern auf ihn herab, und als
der Bomber in dieser Montur beim Training erschien, machte ein Raunen die Runde. Der Bundestrainer aber hatte schon auf ihn gewartet,
nahm ihn gleich zur Seite und ließ ihn „4 gegen
1" spielen, und wenn er sich einen anderen Spieler ansehen sollte, sagte er nur: „Das ist mein Capitano." Als es nun wieder Abend wurde, wollte
der Bomber fort, und der Bundestrainer schlich
ihm nach, um zu sehen, in welches Haus er ging.
Aber wieder konnte der Bazi ihm entwischen und
in den Garten hinter seinem Haus gelangen. Darin
stand ein schöner, großer Birnenbaum, und geschickt wie ein Eichhörnchen kletterte er so weit
nach oben, dass der Trainer ihn aus den Augen
verlor. Doch der wartete, bis der Vater nach Hause

kam, und sprach zu ihm: „Ein fremder Spieler ist mir entwischt, und ich glaube, er ist den Birnenbaum hochgeklettert." Der Vater dachte: Sollte es mein kleiner Bomber gewesen sein? Er ließ sich die Kettensäge holen und fällte den Baum, aber es war niemand darauf. Und als sie in die Küche kamen, lag der Bomber da im Staub der Briketts, wie sonst auch, denn er war auf der anderen Seite vom Baum heruntergesprungen, hatte dem Vogel auf dem Haselnussbaum das schöne Trikot wiedergebracht und seinen grauen Jogginganzug angezogen.

Am dritten Tag, als die Eltern und Brüder wieder fort waren, ging der Junge erneut zum Grab der Mutter und sprach zu dem Baum:

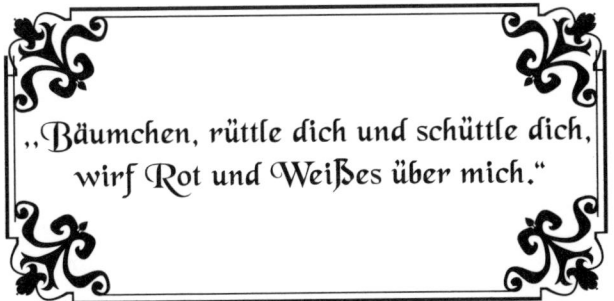

„Bäumchen, rüttle dich und schüttle dich,
wirf Rot und Weißes über mich."

Nun warf ihm der Vogel das Wiesn-Trikot der Bayern herab; in Weiß-Braun war es so prächtig und glänzend wie kein anderes, was er je gehabt hatte, und die Fußballschuhe waren golden, wie die eines jener exzentrischen Ballzauberer vom Zuckerhut. Als er in diesem Outfit zum Abschlusstraining kam, waren alle sprachlos. Der Bundestrainer absolvierte erneut ein Sondertraining mit ihm, und wenn er aufgefordert wurde, sich einen anderen Kicker anzusehen, sprach er wieder nur: „Das ist mein Capitano." Als es nun Abend wurde, wollte der Bomber fort und der Bundestrainer ihn begleiten, aber der Junge lief so schnell, dass der Coach nicht folgen konnte. Doch dieses Mal war der darauf vorbereitet: Er hatte die große Treppe vom Trainingsgelände mit Haftkleber einstreichen lassen, und so blieb der linke Fußballschuh zurück, als der Bomber die Stufen hinabsprang. Der Bundestrainer hob das Beweisstück auf; es hatte ungefähr Größe 41 und war ganz golden. Am nächsten Morgen trat er damit vor die Presse und verkündete: „Kein anderer soll mein neuer Capitano werden als der, an dessen Fuß dieser Schuh passt." Da freuten sich die beiden Brüder, denn sie hatten besonders schöne, gepflegte Füße. Der älteste zog mit dem Schuh auf sein Zimmer und wollte ihn anprobieren, und die Mutter ging mit ihm. Aber er passte mit seinem großen Zeh einfach nicht hinein, der Schuh war schlicht zu klein. Da reichte ihm die Mutter ein Messer und sprach: „Hau ab den Zeh! Wenn du erst mal Kapitän der

Nationalmannschaft bist, laufen deine Mitspieler für dich." Der Junge schnitt sich also den Zeh ab, zwängte sich in den Schuh, verbiss sich den Schmerz und ging hinaus zum Bundestrainer. Der ließ ihn in seinen Dienstwagen einsteigen und fuhr mit ihm fort. Auf dem Weg zur DFB-Zentrale kamen sie am Grab von Aschenbombers Mutter vorbei, da saßen die zwei weißen Tauben auf dem Haselnussbaum und riefen:

„Rucke di guh, rucke di guh;
Blut ist im Schuh;
Der Schuh ist viel zu klein;
Der rechte Spieler sitzt noch daheim."

Da blickte der Coach auf den Schuh des Jungen und sah, wie das Blut herausquoll und die schöne helle Innenausstattung seines Autos versaute. Mit quietschenden Reifen wendete er den Wagen, brachte den falschen Spieler wieder nach Hause und sagte, das sei nicht der echte; der andere Bruder solle den Schuh anziehen. Da ging der auf sein Zimmer und passte glücklich und bequem mit all seinen Zehen hinein, aber die Ferse war zu groß. Da reichte ihm die Mutter ein Messer und sprach: „Hau ab ein Stück von der Ferse! Wenn du erst mal Kapitän der Nationalmannschaft bist, laufen

deine Mitspieler für dich." Der Junge schnitt sich
daraufhin ein Stück von der Ferse ab, zwängte
sich in den Schuh, verbiss sich den Schmerz und
ging hinaus zum Bundestrainer. Der ließ ihn in
seinen Dienstwagen einsteigen und fuhr mit ihm
fort. Als sie an dem Haselnussbäumchen vorbeikamen, saßen die zwei Tauben darauf und riefen:

"Rucke di guh, rucke di guh;
Blut ist im Schuh;
Der Schuh ist viel zu klein;
Der rechte Spieler sitzt noch daheim."

Der Coach blickte nach unten auf den Fuß des
Jungen und sah, wie das Blut aus dem Schuh lief,
bereits Flecken auf den weißen Ledersitzen hin-
terließ und an den schwarz-gelben Stutzen schon
ganz rot aufgestiegen war. Da wendete er umgehend mit quietschenden Reifen seinen Wagen und
brachte den falschen Spieler wieder nach Hause.
„Das ist nicht der rechte", sprach er, „habt ihr
nicht noch einen anderen Sohn?" – „Nein", sagte
der Vater, „nur von meiner verstorbenen Frau ist
noch der kleine Bomber da. Doch er kann unmög-
lich der Spieler sein, den ihr sucht." Der Bundestrainer sprach, er solle ihn dennoch rauskommen
lassen. Die Stiefmutter aber wiegelte ab: „Ach

nee, lasst mal gut sein. Der ist viel zu schmutzig und kann gar nichts am Ball, der darf sich hier so nicht sehen lassen." Der Coach aber bestand darauf, dass der Bomber gerufen würde. Da wusch dieser sich zügig Gesicht und Hände, ging hinaus und trat schüchtern vor den Bundestrainer, der ihm den goldenen Schuh reichte. Dann setzte sich der Bomber auf einen Hocker, zog einen Fuß aus den ausgelatschten Gummi-Crocs und steckte ihn in den goldenen Fußballschuh, der ihm wie angegossen passte. Und als er aufstand und ihm der Trainer ins Gesicht sah, so erkannte dieser seinen Spieler, mit dem er die ganzen Tage über trainiert hatte, und rief: „Das ist mein Capitano!" Die Stiefmutter und die beiden Brüder erschraken, ärgerten sich schwarz und wurden gelb vor Neid, der Trainer aber ließ den kleinen Aschenbomber in seinen Wagen einsteigen und fuhr mit ihm davon. Als sie an dem Haselnussbäumchen vorbeikamen, riefen die zwei weißen Tauben:

„Rucke di guh, rucke di guh;
Kein Blut ist im Schuh;
Der Schuh ist nicht zu klein;
Dies muss der echte Capitano sein!"

Und als sie das gerufen hatten, kamen die beiden herabgeflogen und setzten sich beim Bomber auf die Schultern, eine rechts, die andere links, und blieben da sitzen.

Als das erste Länderspiel mit dem neuen Capitano anstand, kamen die neidischen Borussen-Stiefbrüder wieder daher. Sie schmeichelten sich ein, wollten seinen Ruhm für sich ausnutzen und sich auf seine Kosten ein schönes Leben machen. Der neue Capitano führte seine Mannschaft aufs Feld, und die beiden verfolgten das Geschehen, Champagner schlürfend, aus der VIP-Loge, da wurden sie von den beiden Tauben, die plötzlich auf der Anzeigetafel saßen, mit einem Laser-Pointer geblendet – zuerst das rechte und, nach der Halbzeitpause, das linke Auge. Der Laserstrahl war so stark, dass sie beide komplett erblindeten und fortan eine gelbe Armbinde mit drei schwarzen Punkten tragen mussten, passend zu ihrem Borussen-Wappen. So waren sie für ihre Bosheit und Falschheit ihr Leben lang bestraft.

Schneetrickchen

Es war einmal mitten im Winter, die Schneeflocken fielen wie Konfetti bei der Pokalübergabe vom Himmel herab, da saß der Münchner Klub-Manager in seinem Büro der Geschäftsstelle am Fenster, mit Aussicht auf die roten Fahnen rund um die Säbener Straße. Frustriert brütete er über der Tabelle der aktuellen Saison, die bislang sehr enttäuschend verlaufen war. Wie er so grübelte, was man denn alles ab dem nächsten Jahr besser machen könnte, und nach dem Schnee draußen aufblickte, schnitt er sich an dem Blatt Papier den Finger, und es fielen drei Tropfen Blut auf sein weißes Hemd. „Himmel, Sakra, Kruzitürken…!", sagte er laut, mit Blick auf Tabelle und Hemd. „Hätten wir doch bloß einen Spieler, so weiß wie Schnee, so rot wie Blut und so blond wie ein frisches Weizen!" Bald darauf bekam er tatsächlich ein junges Talent in seine Reihen – die Haut so weiß wie Schnee, die Lippen so rot wie Blut und das Haar so blond wie ein frisch gezapftes Weizenbier. Und weil sein Spiel noch dazu sehr trickreich war, wurde es nur Schneetrickchen genannt.

Kurz nachdem Schneetrickchen seinen ersten Profivertrag unterschrieben hatte, starb der Manager, und eine Saison später berief der Präsident einen Nachfolger. Es war ein ehemaliger Nationalspieler mit titelreicher Karriere, aber er war arrogant und überheblich und konnte es überhaupt nicht leiden, wenn jemand ihm seinen Status als Spieler des Jahrhunderts, mit sämtlichen Rekorden und Bestmarken, streitig machte. Er besaß zudem einen wundersamen Spiegel; wenn er vor diesen trat und sich eitel darin betrachtete, sprach er:

„Spieglein, Spieglein an der Wand,
Wer ist der Beste im ganzen Land?"

Und der Spiegel antwortete:

„Herr Manager,
Ihr seid der Beste im Land!"

Da war er ganz zufrieden, denn er wusste, dass der Spiegel die Wahrheit sagte. Unterdessen aber entwickelte Schneetrickchen sich fußballerisch weiter und wurde immer besser‚ und als sieben Spielzeiten vergangen waren, war er so gut wie nie und besser als der Manager selbst je gewesen war. Als dieser dann wieder einmal seinen Spiegel fragte:

„Spieglein, Spieglein an der Wand,
Wer ist der Beste im ganzen Land?"

da antwortete der Spiegel:

„Herr Manager, Ihr seid der Beste hier;
Aber Schneetrickchen
ist tausendmal besser als Ihr."

Da erschrak der Manager und ärgerte sich schwarz und wurde ganz gelb vor Neid. Von diesem Moment an drehte sich ihm, wann immer er Schneetrickchen sah, der Magen um, so sehr hasste er den jungen Mann. Und der Neid und die Arroganz wuchsen in ihm wie ein Krebsgeschwür, bis er Tag und Nacht keine Ruhe mehr hatte.

Da rief er einen Spielerberater zu sich und sprach: „Verkauf den Jungen ins Ausland, am besten auf die Insel. Ich will ihn nicht mehr sehen. Und sorg dafür, dass er dort kaputt getreten wird. Sportinvalide! Bring mir seine Kreuzbänder als Trophäe mit!" Der Berater gehorchte und verkaufte das arme Schneetrickchen in die Premier League, wo er einen grobschlächtigen, volltätowierten britischen Abwehr-Hünen auf ihn hetzte, der bereits eine Blutgrätsche ankündigte, um die jungfräulichen Kniegelenke von Schneetrickchen zu zertrümmern. Da fing dieser an, um Gnade zu betteln: „Ach bitte, lieber Spielerberater, lass mir meine Gesundheit! Ich werde auch weggehen, weit, weit weg, nach Russland oder so, mir ganz egal, und nie wieder heimkommen!"

Und weil er doch so begnadet am Ball war und unter seinem blonden Haarschopf so unschuldig dreinblicken konnte, hatte der Spielerberater schließlich Mitleid mit ihm und sprach: „Nun hau schon ab, du armer Kerl!" – Die Verteidiger jenseits des Ural werden dich schon bald in Stücke gerissen haben, dachte er, und dennoch fiel ihm ein riesiger Stein vom Herzen, weil er Schneetrickchen nicht selbst hatte kaputt treten lassen müssen. Als ein junger Frischling vom Zuckerhut dahergesprungen kam, setzte er seinen englischen Zerstörer auf diesen an und nahm dessen Kreuzbänder als Trophäe mit nach Hause zum Manager. Der Caterer musste sie mit Weißwurst und Kraut servieren, und der boshafte Manager aß sie auf und war danach der festen Überzeugung, er habe die Kreuzbänder Schneetrickchens gegessen.

Der wiederum war nun mutterseelenallein in der harten, rauen Welt des osteuropäischen Fußballs unterwegs, und beim Anblick der steinhart gefrorenen Plätze und der eisenharten Abwehrspieler ward ihm angst und bange. Er wusste nicht, wie er sich helfen sollte, da fing er an zu rennen und rannte über die holprigen Äcker und durch die gegnerischen Abwehrreihen, und die wilden Verteidiger sprangen allesamt an ihm vorbei und foulten ihn nicht. Er lief, so weit ihn die Füße trugen, bis er eines Abends an ein kleines Klubheim kam, wo er sich ausruhen wollte. In dem Verein war alles sehr klein, aber zugleich auch so organisiert und gut in Schuss, dass man nicht meckern konnte. Da stand ein rot-weiß gedeckter Tisch mit elf Tellern, jeder mit dem passenden Besteck, und elf Gläsern. An der Wand waren elf Betten nebeneinander aufgestellt und schneeweiße Laken darüber gedeckt, und darauf lag jeweils, fein säuberlich gefaltet, ein roter Bayern-München-Schal.

Schneetrickchen, weil er so einen großen Durst und auch Schmacht hatte, aß von jedem Teller ein paar Bratkartoffeln und etwas Weißwurst und trank aus jedem Glas einige Tropfen Gerstensaft; er wollte nicht einem allein alles wegfuttern. Später, als er müde wurde, legte er sich zu Bett, aber keines passte so richtig; das eine war zu hart, das andere zu weich, bis endlich das elfte recht war; und darin blieb er nun liegen, dankte dem Fußballgott und schlief ein.

Als es dunkel geworden war, kamen die Herren des Klubheims. Das waren elf Arbeiter, die in den Weiten Sibiriens nach Öl und Erdgas bohrten. Sie knipsten elf LED-Lämpchen an, und wie es nun hell wurde in der Bude, sahen sie, dass jemand da gewesen war, denn es stand nicht alles an seinem gewohnten Platz, wie sie es verlassen hatten. Der erste sprach: „Wer hat auf meinem Stuhl hier gesessen?" Der zweite: „Wer hat von meinem Teller was gegessen?" Der dritte: „Wer hat sich an meinen Röstis hier bedient?" Der vierte: „Wer hat sich welche von meinen Würsteln gemopst?" Der fünfte: „Wer hat sich meine Gabel hier gegriffen?" Der sechste: „Wer hat mit meinem Messer was geschnitten?" Der siebte: „Wer hat den Senf angebrochen?" Der achte: „Wer hat den Tabak aufgeschraubt?" Der neunte: „Wer hat den Kuchen angeschnitten?" Der zehnte: „Wer hat von meinem Bier getrunken?" Der elfte: „Wer hat den Kühlschrank aufgelassen?" Dann sah sich der erste um und erkannte, dass auf seinem Bett eine kleine Delle war. Da sprach er: „Wer hat hier in mein Bett getreten?" Die anderen kamen angelaufen und riefen: „In meinem Bett hat auch jemand gelegen!" Der elfte aber, als er in sein Bett sah, erblickte Schneetrickchen, der darin lag und schlief. Nun rief der Arbeiter die anderen, die kamen angerannt und staunten nicht schlecht, holten ihre elf Helmlampen und beleuchteten Schneetrickchen. „Alter Falter", riefen sie, „der Kleine sieht echt pfundig aus!", und sie hatten solch eine Gaudi, dass sie ihn nicht aufweckten, sondern im Bett weiterschlafen ließen. Der elfte haute sich für jeweils eine Schlaf-Halbzeit bei seinen Kollegen aufs Ohr, da war die Nacht auch schon fast rum.

Am nächsten Morgen erwachte Schneetrickchen, und wie er die elf Arbeiter sah, erschrak er. Sie waren aber freundlich und fragten: „Wie heißt du?" – „Ich heiße Schneetrickchen", antwortete er. – „Wir sind der Bayern-Fanklub *Rote Eisbären*. Wie bist du in unser Klubheim gekommen?", sprachen die Männer weiter. Da erzählte er ihnen vom bösen Manager, wie der ihn verkauft hatte und kaputt treten lassen wollte, wie der Spielerberater ihm aber seine Gesundheit gelassen und er die Flucht in die sibirische Kälte angetreten hatte, bis er endlich ihr Häuschen gefunden hatte. Die Männer sprachen: „Willst du unser Klubheim in Ordnung halten, die Satelliten-Schüssel schnee- und eisfrei halten, immer das Bier im Kühlschrank nachlegen, den Pizza-Service anrufen, die Fan-Schals waschen, die Fußballschuhe putzen und ab und an mal mit dem Staubsauger hier durchgehen, so kannst du bei uns bleiben, und es soll dir an nichts fehlen." – „Ja", sagte Schneetrickchen, „super gerne!", und blieb bei ihnen. Er hielt die Hütte in Schuss: Morgens gingen die Arbeiter auf die Öl- und Gasfelder und suchten nach fossilen Brennstoffen, abends kamen sie wieder, und da musste das Essen parat stehen. Den Tag über war der Junge allein; da warnten ihn die Männer und sprachen: „Hüte dich vor deinem Manager, der wird schon bald wissen, dass du hier bist. Lass ja niemanden herein!"

Der Manager aber, nachdem er glaubte, Schneetrickchens Kreuzbänder gegessen zu haben, dachte derweil nichts anderes, als dass er wieder der Allerbeste sei, trat vor den Spiegel und sprach:

„Spieglein, Spieglein an der Wand,
Wer ist der Beste im ganzen Land?"

Da antwortete der Spiegel:

„Herr Manager, Ihr seid der Beste hier;
Aber Schneetrickchen,
hinter den russischen Bergen,
Bei den elf roten Eisbären,
Ist noch tausendmal besser als Ihr."

Da erschrak der Manager, denn er wusste, dass der Spiegel keine Unwahrheiten verbreitete, und merkte, dass der Spielerberater ihn betrogen hatte und Schneetrickchen noch nicht sportinvalide war. So begann er aufs Neue zu grübeln, wie er den Rivalen für immer ausschalten könnte; denn solange er nicht der Beste war im ganzen Land, ließ ihm der Neid keine Ruhe. Und als er sich endlich etwas ausgedacht hatte, legte er sich exzessiv unters Solarium, blondierte sich die Haare, packte seine Maßanzüge beiseite und kleidete sich in billige Discounter-Ware, sodass er schließlich wie ein schäbiger Vertreter aussah und nicht mehr zu erkennen war. In diesem Outfit zog er über die russischen Berge zu den elf roten Eisbären, klopfte an die Tür und rief: „Super Angebote! Top-Qualität, zu kleinen Preisen!" Schneetrickchen guckte zum Fenster heraus und rief: „Grüß Gott, guter

Mann, was habt ihr zu verkaufen?" – „Super Sachen, alle made in Germany", antwortete der Vertreter. „Schnürsenkel zum Beispiel, in allen Farben", und er holte einen hervor, der aus bunter Seide geflochten war. – Den ehrlichen Mann kann ich hereinlassen, dachte Schneetrickchen, schloss die Tür auf und kaufte sich den tollen Schnürsenkel für seine, ebenfalls farblich ausgefallenen, Fußballschuhe.

„Ach, Bua", sprach der Alte, „wie du aussiehst! Komm, lass mich da mal ran. Ich will dir ordentlich die Schuhe binden." Schneetrickchen wunderte sich zwar ein wenig, stellte sich dann aber vor den Alten und ließ sich seine Fußballschuhe mit dem neuen Riemen binden; der Alte aber schnürte superschnell und so fest, dass Schneetrickchen die Blutzufuhr abgeschnitten wurde! Sein Fuß schlief ein, dann das Bein und schließlich der ganze Junge, sodass er krachend zu Boden fiel und dalag wie tot. „Nun bist du der Beste gewesen", sprach der Alte und eilte hinaus.

Nur kurz darauf, zur Abendzeit, kamen die elf Arbeiter nach Hause; aber was für ein Schock, wie sie ihren Freund da liegen sahen und dieser sich weder regte noch bewegte, ganz so wie tot! Sie stellten ihn auf seine Füße, und als sie sahen, dass seine Schuhe viel zu fest geschnürt waren, schnitten sie die Schnürsenkel durch – da fing sein Fuß an, wieder etwas zu zucken, und nach und nach kehrte das Leben in den Jungen zurück. Als die Männer hörten, was geschehen war, sprachen sie: „Der alte Vertreter war niemand anders als der seelenlose Manager – sei auf der Hut und lass keinen Menschen herein, wenn wir nicht bei dir sind!"

Der besagte böse Kerl aber, sowie er nach Hause gekommen war, trat an den Spiegel und fragte:

> „Spieglein, Spieglein an der Wand,
> Wer ist der Beste im ganzen Land?"

Da antwortete der Spiegel wie sonst auch:

> „Herr Manager, Ihr seid der Beste hier;
> Aber Schneetrickchen,
> hinter den russischen Bergen,
> Bei den elf roten Eisbären,
> Ist noch tausendmal besser als Ihr."

Als der Manager das hörte, bekam er fast einen Herzinfarkt, so erschrak er, denn er erkannte, dass Schneetrickchen wieder lebendig war. „Nun aber", sprach er, „will ich mir etwas überlegen, um dich endgültig fertig zu machen", und mit einer Anleitung aus dem Internet schuf er einen giftigen Kamm. Dann ließ er sich einen grauen Drei-Tage-Bart wachsen, verkleidete sich und nahm erneut die Gestalt eines alten Mannes an. So zog er über die russischen Berge zu den elf roten Eisbären, klopfte an die Tür und rief: „Super Angebote! Top-Qualität, zu kleinen Preisen!" Schneetrickchen schaute heraus und sprach: „Zieht weiter, ich darf niemanden hereinlassen." – „Aber anschauen darfst du dir doch wohl was", sprach der Alte, zog den giftigen Kamm hervor und hielt ihn in die Höhe. Wow! – Das Ding sah wahrhaft todschick aus, und da Schneetrickchen schon immer auf sein Äußeres und im Speziellen auf den Look seiner Haare geachtet hatte, ließ er sich überreden und öffnete die Tür.

Als sie sich auf einen Preis geeinigt hatten, sprach der Alte: „Mein Gott, siehst du aus! Warte, bevor ich wieder gehe, werd' ich dich aber einmal ordentlich stylen." Der arme Junge ahnte nichts Schlimmes und ließ den Alten machen, der ihn irgendwie an einen bekannten Promi-Frisör erinnerte; aber kaum hatte dieser den Kamm in die Haare gesteckt, als das Gift darin auch schon wirkte und Schneetrickchen bewusstlos zu Boden fiel. „Du Ausgeburt von Supertalent", sprach der boshafte Kerl, „das war's dann für dich!", und ging fort. Zum Glück aber war es bald Abend, und die elf Arbeiter kamen nach Hause. Als sie Schneetrickchen wie tot auf der Erde liegen sahen, hatten sie gleich den Manager im Verdacht, suchten eilig alles ab, fanden schließlich den giftigen Kamm, und kaum hatten sie ihn aus den Haaren gezogen, da kam Schneetrickchen wieder zu sich und erzählte, was passiert war. Da warnten sie ihn noch einmal, stets vorsichtig zu sein und niemandem die Türe zu öffnen.

Der Manager aber stellte sich daheim vor seinen Spiegel und sprach:

„Spieglein, Spieglein an der Wand,
Wer ist der Beste im ganzen Land?"

Da antwortete dieser wie schon zuvor:

„Herr Manager, Ihr seid der Beste hier;
Aber Schneetrickchen,
hinter den russischen Bergen,
Bei den elf roten Eisbären,
Ist noch tausendmal besser als Ihr."

Als er den Spiegel so reden hörte, zitterte und bebte der Manager vor Zorn. „Schneetrickchen soll sterben", rief er, „und wenn es das Letzte ist, was ich tue!" Darauf verzog er sich in eine abgelegene Kammer, tief in den Katakomben der Allianz Arena, wo nie jemand hinkam, und schuf dort einen giftigen Apfel. Rein äußerlich sah der schön aus, rot mit hellen, fast weißen Backen, sodass jeder, der ihn erblickte, enormen Heißhunger darauf bekam; aber wer auch nur ein Stückchen davon aß, um den war es geschehen, der musste sterben. Als der Apfel fertig war, parkte sich der Manager erneut stundenlang unterm Solarium, verkleidete sich dann diesmal als armer Wanderarbeiter und zog so über die russischen Berge zu den elf Eisbären.

Er klopfte an, Schneetrickchen streckte den Kopf zum Fenster heraus und sprach: „Ich darf keine Leute reinlassen, die Satzung unseres Fanklubs verbietet es." – „Is' mir doch wurscht", antwortete der Malocher, „meine Äpfel krieg ich schon los. Da, einen kannste haben, geschenkt." – „Nein", sprach Schneetrickchen, „ich darf nichts annehmen." – „Hast du Schiss vor Gift, oder so?", sprach der Alte. „Siehste, ich schneid den Apfel in zwei Teile; die rote Hälfte isst du, die weiße will ich essen." Der Apfel aber war so gemacht, dass nur die rote Seite allein vergiftet war, und Schneetrickchen hatte echten Heißhunger auf das Obst. Als er sah, dass der Alte davon aß, konnte er nicht länger widerstehen, streckte die Hand aus und nahm die giftige Hälfte. Kaum aber hatte er einen Bissen davon im Mund, so fiel er tot um. Da beugte sich der Manager mit grausigem Blick über ihn, lachte lauthals und sprach: „Weiß wie Schnee, rot wie Blut und blond wie ein frisches Weizen! Diesmal können dich die Russen nicht wieder erwecken." Und als er daheim den Spiegel befragte:

„Spieglein, Spieglein an der Wand,
Wer ist der Beste im ganzen Land?"

Da antwortete dieser endlich:

„Herr Manager,
Ihr seid der Beste im Land."

Da gab sein neidisches Herz Ruhe, das heißt, so gut ein neidisches Herz überhaupt Ruhe geben kann.

Die Arbeiter, wie sie abends zurück ins Klubheim kamen, fanden Schneetrickchen auf der Erde liegen, und er atmete kein Stück mehr und war mausetot. Sie hoben ihn auf, suchten, ob sie etwas Giftiges fänden, schnürten die Schuhe auf, kämmten ihm die Haare aus, stellten ihn unter die kalte Dusche, aber es half alles nichts; der gute Junge war tot und blieb tot. Sie legten ihn auf eine

Bahre und setzten sich alle elf darum und trauerten drei volle Tage lang. Anschließend wollten sie ihn begraben, aber er sah noch so frisch aus, als käme er gerade vom Fußballplatz, nach einem lockeren Trainingsspiel. Sie sprachen: „Das können wir nicht bringen, ihn einfach so in der dunklen Erde zu versenken", und ließen einen durchsichtigen Sarg anfertigen, ganz aus Glas, sodass man ihn von allen Seiten sehen konnte. Sie legten Schneetrickchen hinein und schrieben mit goldenen Buchstaben seinen Namen darauf und dass er ein Münchner Bayer gewesen sei. Dann trugen sie den Sarg hinauf auf einen Berg, und immer blieb einer von ihnen dabei, um Wache zu halten. Und nach und nach kamen die verschiedensten Spieler von überall her, um Schneetrickchen die letzte Ehre zu erweisen – erst ein Torwart, dann ein Abwehrspieler, zuletzt ein paar Stürmer.

Nun lag Schneetrickchen eine lange Zeit in dem Sarg, aber er verweste nicht, sondern sah aus, als wenn er schliefe, denn er war noch immer so weiß wie Schnee, so rot wie Blut und so blond wie ein frisches Weizen. Da geschah es aber, dass ein junges Mitglied des neu gewählten Münchner Aufsichtsrates auf Einladung eines großen Sponsors im weiten Russland unterwegs war und bei den roten Eisbären vorbeischaute, weil er von ihrem Fanklub gehört hatte. Er sah auf dem Berg den Sarg mit Schneetrickchen darin und las, was dort in goldenen Buchstaben geschrieben stand. Da sprach er zu den Männern: „Übergebt mir den Sarg. Ich will Schneetrickchen nach Hause bringen und euch dafür geben, was ihr wollt." Aber die Männer antworteten: „Wir geben ihn nicht her, nicht für alles Gold dieser Welt." Da sprach der Münchner: „Dann schenkt ihn mir, denn ich kann nicht mehr ruhig schlafen, mit dem Gedanken, dass Schneetrickchen so fernab der Heimat liegt. Er ist an der Isar geboren und soll auch wieder an ihren Ufern zur Ruhe kommen. Ich will ihn achten und für seinen Ehrenplatz in der Hall Of Fame sorgen, wie er es verdient."

Während er so sprach, fanden die Männer mit der Zeit Gefallen an seinem Vorschlag, übergaben ihm schließlich den Sarg und der junge Aufsichtsrat fuhr mit ihm in seinem Wagen fort. Da geschah es, dass sie auf den schlaglochübersäten Straßen dermaßen durchgeschüttelt wurden, dass schließlich das giftige Stück Apfel, welches Schneetrickchen abgebissen hatte, in hohem Bogen aus seinem Halse flog. Kurz darauf öffnete er die Augen, hob den Sargdeckel in die Höhe, richtete sich auf und fragte erstaunt: „Mein Gott, wo bin ich?" Der Aufsichtsrat erschrak zunächst sehr, rief dann aber voller Freude: „Du bist bei mir, ich hol dich wieder zurück nach Hause!" Er erzählte, was sich zugetragen hatte, und sprach: „Ich bin so froh, dass ich dich gefunden habe. Komm wieder nach München, und wir werden eine junge Mannschaft um dich herum aufbauen." Der Gedanke gefiel Schneetrickchen sehr, außerdem mochte er den jungen Funktionär irgendwie, und so ging er mit ihm. Seine Ankunft wurde bei der offiziellen Saisoneröffnung mit viel Brimborium zelebriert, inklusive Pressekonferenz und allem, was dazugehört.

Zu einem solchen Anlass durfte der fiese Manager natürlich nicht fehlen. Er hatte sich extra in seinen besten Anzug geschmissen, und bevor er loswollte, trat er ein weiteres Mal vor seinen Spiegel und sprach:

„Spieglein, Spieglein an der Wand,
Wer ist der Beste im ganzen Land?"

Der Spiegel antwortete:

„Werter Herr Manager,
Ihr seid der Beste hier;
Aber der neue Bayern-Kapitän
ist noch tausendmal besser als Ihr."

Da fing der böse Kerl laut an zu fluchen. Panik stieg in ihm auf, und vor lauter Wut wusste er nicht, was er tun sollte. Auf keinen Fall hatte er noch Lust, zur Saisoneröffnung zu gehen, doch ließ es ihm einfach keine Ruhe – er musste los, um den neuen Kapitän zu sehen. Als er auf dem Vereinsgelände ankam, erkannte er Schneetrickchen sofort, und wie vom Donner gerührt stand er da, unfähig, sich mit seiner geschliffenen Rhetorik herauszureden. Aber da wurde ihm auch schon sein Koffer vor die Tür gestellt, und mit Schimpf und Schande jagte man ihn von der Säbener Straße, weiter und immer weiter, bis in die ferne bajuwarische Wildnis, wo er letzten Endes von einem unberechenbaren Problem-Bären in der Luft zerrissen wurde.

Weitere Bücher zum FC Bayern

Christoph Bausenwein
**Alles Bayern!
Unverzichtbares
Wissen rund um den
Rekordmeister**
224 Seiten, Paperback
ISBN: 978-3-7307-0225-3, € 12,90

Wie man als Bayern-Fan unschlagbar
wird: alles, was man über den
Rekordmeister wissen muss, will
oder kann.

Sascha Dreier
Die Bayern-Story
64 Seiten, A4, Hardcover, komplett
vierfarbig
ISBN: 978-3-7307-0281-9, € 16,90

Eine bemerkenswerte Premiere: die
Geschichte des FC Bayern München in
Form eines Comics.

**Rekordmeister
Die 26 Deutschen
Meisterschaften
des FC Bayern**
200 Seiten, A4, Hardcover, viele Fotos,
durchgehend farbig gestaltet
ISBN: 978-3-7307-0308-3, € 26,00

Alle 26 Meisterschaften der Bayern
werden attraktiv präsentiert: in tollen
Fotos, kompakten Saisontexten und
ausführlicher Statistik.

Ben Redelings
**Bayern-Album
Unvergessliche Sprüche,
Fotos, Anekdoten**
160 Seiten, Paperback, durchgehend
farbig, viele Fotos
ISBN: 978-3-7307-0110-2, € 9,99

»Vieles kommt erstmals ans Tageslicht
und wird darüber hinaus in liebevoller
Aufmachung präsentiert.«
(Bayern-Magazin)

www.werkstatt-verlag.de | facebook.com/verlagdiewerkstatt